CLÍNICA MAYO

guía esencial

para el manejo de la

diabetes

CLÍNICA MAYO

Editora Médica Maria Collazo-Clavell, M.D.

Directora Senior, Productos de Consumo y Servicios Nicole Spelhaug

Editor en Jefe, Libros y Boletines Christopher Frye

Editora Gerente Karen Wallevand

Director Creativo Daniel Brevick

Director de Arte Stewart Koski

Ilustradores Tristan Cummings, Kent McDaniel

Investigación Bibliográfica Anthony Cook

Lectoras de Pruebas Miranda Attlesey, Donna Hanson

Indizador Steve Rath

Asistente Administrativa Beverly Steele

TIME INC. HOME ENTERTAIMENT

Publisher Richard Fraiman

Gerente General Steven Sandonato

Directora Ejecutiva, Servicios de Mercadotecnia Carol Pittard

Director, Ventas Especiales y al Menudeo Tom Mifsud

Director, Desarrollo de Nuevos Productos Peter Harper

Directora Asistente, Mercado de Puntos de Venta Laura Adam

Director Asistente, Mercado de Marca Joy Butts

Consejera Asociada Helen Wan

Gerente de Mercadotecnia Victoria Alfonso

Gerente de Marca Senior, TWRS/M Holly Oakes

Gerente de Diseño y Preprensa Anne-Michelle Gallero

Gerente de Producción del Libro Susan Chodakievicz

Especial agradecimiento a: Glenn Buonocore, Margaret Hess, Suzanne Janso, Brynn Joyce , Robert Marasco, Brooke Reger, Mary Sarro-Waite, Ilene Schreider, Adriana Tierno, Alex Voznesenskiy y Grace Weber

Publicado por Time Inc.Home Entertaiment Books

Time Inc.
1271 Avenida de las Américas
Nueva York, NY 10020

Agradecemos sus comentarios y sugerencias sobre la *Guía esencial de la diabetes de la Clínica Mayo*. Por favor escríbanos a TIHE Books, atención: Editores de libros, P.O. Box 11016, Des Moines, IA 50336-1016.

Para ventas a empleados, miembros de grupos y compañías relacionadas con la salud, contacte a Mayo Clinic Health Management Resources, 200 First St. S.W., Rochester, MN 55905, o envíe correo electrónico a SpecialSalesMayoBooks@mayo.edu.

La *Guía esencial de la diabetes de la Clínica Mayo* tiene la intención de complementar el consejo de su personal médico, a quien debe consultar independientemente de su condición médica individual. MAYO, MAYO CLINIC, MAYO CLINIC HEALTH SOLUTIONS y el logo Mayo de triple escudo son marcas de la Fundación Mayo para la Educación e Investigación Médicas.

Créditos de las fotografías: Acervo fotográfico de Artville, BananaStock, Brand X Pictures, Comstock, Corbis, Creatas, Digital Stock, Digital Vision, Eyewire, Foodshapes, Image Ideas, Image Source, PhotoAlto, Photodisc, Pixtal, Rubberball y Stockbyte. Los individuos fotografiados son modelos y las fotografías se utilizan sólo con propósitos ilustrativos. No hay correlación entre los individuos fotografiados y las condiciones o temas discutidos. Fotografías de los especialistas de la Clínica Mayo por Joseph Kane y Richard Madsen.

La traducción al español de esta edición ha sido realizada por Intersistemas, S.A. de C.V. bajo la autorización de Mayo Foundation for Medical Education and Research. Intersistemas, S.A. de C.V. se hace responsable de la precisión de la misma.

Diseño de la portada por Paul Krause
Traducción: Dr. Enrique Gómez Sánchez
Cuidado de la edición: Olga Sánchez Navarrete
Formación: Blanca Gutiérrez

© Copyright 2010 edición en idioma español por Intersistemas, S.A. de C.V.

Intersistemas, S.A. de C.V.
Aguiar y Seijas 75
Lomas de Chapultepec
11000 México, D.F.
Tel.: (5255) 5520 2073
Fax: (5255) 5540 3764
intersistemas@intersistemas.com.mx
www.intersistemas.com.mx

ISBN 978-607-443-082-0 (edición en español)

Biblioteca de Salud Familiar

**Dese tiempo para estar informado. Conozca los mejores libros de salud
y con un vistazo rápido usted estará listo para cuidar a su familia**

NOVEDADES

5 pasos
para controlar
la hipertensión

El Plan de la
Clínica Mayo sobre
envejecimiento
saludable

Guía sobre
el manejo de la
incontinencia
urinaria

Manuales de Salud

Libro de la
Salud Familiar

El plan de
la Clínica Mayo

Acondicionamiento
físico para todos

Peso saludable
para todos

Libro de
Medicina alternativa

Guías de la Salud
que le ayudarán a tener una vida más saludable

Manuales de la Salud
que le ayudarán a tener una vida más saludable

Contenido

Capítulo 1: **Comprende la diabetes** **6**

¿Qué es la diabetes? 8

Los diferentes tipos. 10

Signos y síntomas 14

¿Estás en riesgo?. 16

Síndrome metabólico y diabetes. 18

Pruebas para detectar diabetes. 19

Peligros de la diabetes 21

Urgencias médicas. 22

Capítulo 2: **Examina tu glucosa en sangre** **26**

¿Qué tan a menudo y cuándo hacer la prueba? 28

Lo que necesitarás 29

La realización de la prueba 31

Avances de los instrumentos de medición 32

Registro de tus resultados 33

Cómo mantenerte dentro de tus límites 35

Solución de problemas 36

Superación de obstáculos 37

Capítulo 3: **Desarrolla un plan de alimentación saludable** **38**

No hay dieta para diabéticos. 40

¿Qué es alimentación saludable? 41

La verdad sobre el azúcar 44

Planea tus comidas 46

Vigila el tamaño de tus raciones 48

¿Qué es la cuenta de carbohidratos? 50

Uso de listas de intercambio 52

Mantener la motivación 54

Recetas para la buena salud 55

Capítulo 4: **Alcanza un peso saludable** **74**

¿Necesitas perder peso? 76

Evalúa tu disposición. 78

Establece metas realistas 82

Los primeros pasos sencillos 84

La Pirámide de Peso Saludable de la Clínica Mayo 85

Densidad de energía: come más y pierde peso 88

Mantener un registro de alimentos 90

¿Cuáles son tus debilidades para la comida? 92

¿Cuál es tu rutina de alimentación? 93

Topes en el camino: supera los contratiempos 94

Capítulo 5:

Adquiere más actividad **96**

Actividad física vs. ejercicio... 98
La condición física es esencial para tu salud............................ 99
Crea un plan personal de acondicionamiento físico 101
Vence los obstáculos para realizar tu ejercicio 104
Ejercicio aeróbico 106
Caminar para mejorar la salud... 107
Ejercicios de estiramiento 111
Ejercicios de fuerza 113
¿Qué tanto ejercicio? 115
Ejercicio y vigilancia constantes 116
Adquirir y mantener la motivación 117

Capítulo 6:

Tratamiento médico **118**

Terapia con insulina.. 120
Evitar problemas con la insulina... 125
Bombas de insulina 126
Medicamentos orales para la diabetes 128
Combinación de medicamentos orales 134
Medicamentos orales e insulina.. 135
Propuestas de nuevos medicamentos 136
Diálisis renal 137
Transplante renal... 139
Procedimientos experimentales 140

Capítulo 7:

Mantente saludable **142**

Revisiones anuales.. 144
Pruebas importantes que debes tener................................... 145
El cuidado de tus ojos 150
El cuidado de tus pies.. 151
El cuidado de tus dientes.. 154
El manejo del estrés 155

Índice **158**

Capítulo 1

Comprende la diabetes

¿Qué es la diabetes?   8

Los diferentes tipos   10

Signos y síntomas   14

¿Estás en riesgo?   16

Síndrome metabólico y diabetes   18

Pruebas para detectar diabetes   19

Peligros de la diabetes   21

Urgencias médicas   22

De visita con la doctora Maria Collazo-Clavell

Dra. Maria Collazo-Clavell
Endocrinología

> ❝ *Esta amenaza a nuestra salud general es tan significativa que, por primera vez en la historia, las generaciones jóvenes podrían no disfrutar de las largas vidas que esperamos para ellas.* ❞

Parece que estamos involucrados en una pelea perdida. El número de individuos diagnosticados con diabetes —particularmente diabetes mellitus tipo 2— continúa en ascenso. Además, estamos viendo a más gente joven con diabetes tipo 2 —muchos niños y adolescentes— así como personas con diversos antecedentes étnicos y de diferentes estatus económicos. Esta amenaza a nuestra salud general es tan significativa que, por primera vez en la historia, las generaciones jóvenes podrían no disfrutar de las largas vidas que esperamos para ellas.

¿Qué está motivando esta epidemia?, ¿nuestros genes han cambiado dramáticamente? ¡La respuesta es NO! Lo que ha cambiado es la forma como conducimos nuestras vidas. A menudo los alimentos no están preparados en casa y los ingerimos a la carrera; contienen muchas grasas y calorías y comemos pocas frutas y verduras. Nos hemos convertido en menos activos físicamente, tanto en el trabajo como en nuestro tiempo libre, y como resultado la mayoría de nosotros tiene sobrepeso o es obeso. La consecuencia del exceso de peso sobre la salud es sorprendente. Incrementa el riesgo de diabetes y predispone a las personas a tener muchos otros problemas de salud, incluidos algunos tipos de cáncer.

Está claro que no podemos resolver este problema en los consultorios médicos —hemos tratado y hemos fallado—. Los médicos y los pacientes debemos dirigir nuestra atención más allá de los confines de los consultorios médicos, clínicas y hospitales. Como población general tenemos que concentrarnos en las decisiones que tomamos todos los días, ya sea en la casa, el trabajo o la escuela, y que afectan nuestra salud. Esto requiere cambio y el cambio es a menudo difícil.

Cuando enfrentas un gran reto quieres a la mejor gente a tu lado. En esta publicación, hemos reclutado la ayuda de expertos, quienes juegan papeles importantes en el cuidado de personas con diabetes de todas las edades. Su consejo ayudará a comprender la diabetes y a reconocer cómo decisiones pequeñas o cotidianas y pueden ayudarte a controlar tu diabetes y proteger tu salud. Cuando promueves hábitos de alimentación saludable y actividad física regular, tus esfuerzos también pueden ayudar a proteger la salud de quienes te rodean, independientemente de su edad.

Así como creo en la importancia de estos cambios, sé qué tan desafiantes puede significar llevarlos a cabo. Al comprar esta guía esencial, has dado el primer paso para otorgarte a ti mismo un estilo de vida más sano. La información aquí contenida te proveerá de conocimiento, pero, con la finalidad de que este conocimiento te ayude, necesita ser puesto en acción. Identificar los obstáculos que te alejan de la alimentación saludable, ser más activo físicamente y cuidar mejor de ti mismo son los primeros pasos. Después recluta individuos que puedan ayudarte a eludir esos obstáculos. Puede ser una dietista que te ayude a encontrar las formas para mejorar tus hábitos alimenticios. Puede ser un colaborador que te aliente a caminar durante tu receso. Puede ser tu jefe que promueva la elección de alimentos más sanos en el trabajo. Y sí, debe estar incluido tu médico.

En nuestro ambiente en continuo cambio, tu papel para proteger tu salud es más importante que nunca. Esperamos que encuentres en la información disponible aquí una herramienta útil para cumplir a plenitud ese papel.

Quizá tu doctor recientemente te dio la noticia de que tienes diabetes. O te has enterado que estás en riesgo de contraer la enfermedad. Estás preocupado –temeroso– de qué hará la diabetes contigo. ¿Tendrás que comer alimentos insípidos que no tienen azúcar?, ¿tendrás que aplicarte tú mismo inyecciones de insulina a diario?, ¿enfrentarás con el tiempo una amputación?, ¿la diabetes te matará?

Para la mayoría de los individuos con diabetes la respuesta a estas preguntas es no. Los investigadores han aprendido muchísimo acerca de cómo diagnosticar de manera temprana la diabetes y cómo controlarla. Debido a estos avances, tú puedes vivir bien y no sufrir complicaciones serias si sigues los consejos de tu médico respecto a la alimentación, el ejercicio, el control del azúcar en la sangre (glucosa) y, cuando sea necesario, el uso de medicamentos.

Puedes disfrutar de una vida saludable y activa a pesar de tener diabetes, pero debes tener la voluntad de hacer tu parte.

¿Qué es la diabetes?

El término *diabetes* hace referencia a un grupo de enfermedades que afectan la manera como tu cuerpo utiliza la glucosa sanguínea, comúnmente llamada azúcar en la sangre. La glucosa es vital para tu salud debido a que es la principal fuente de energía para las células que constituyen tus músculos y tejidos. Es la principal fuente de combustible de tu cuerpo.

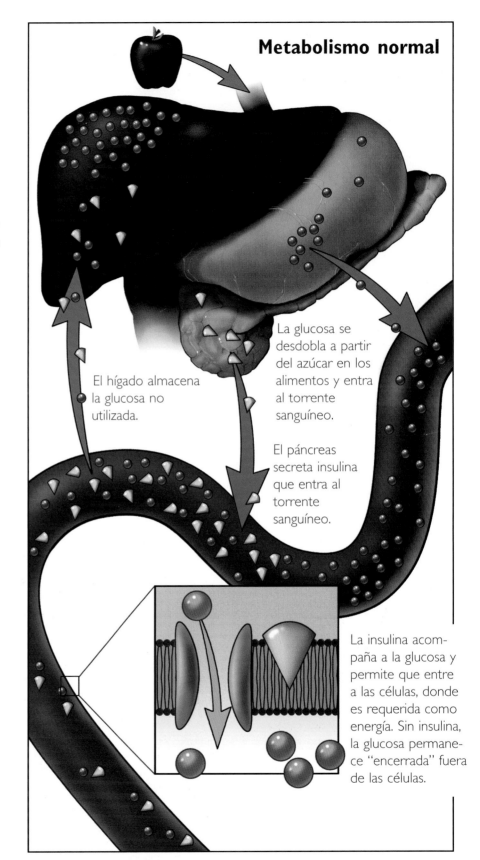

Metabolismo normal

El hígado almacena la glucosa no utilizada.

La glucosa se desdobla a partir del azúcar en los alimentos y entra al torrente sanguíneo.

El páncreas secreta insulina que entra al torrente sanguíneo.

La insulina acompaña a la glucosa y permite que entre a las células, donde es requerida como energía. Sin insulina, la glucosa permanece "encerrada" fuera de las células.

Si tienes diabetes –no importa de qué tipo– significa que tienes demasiada glucosa en tu sangre; aunque las razones pueden ser diferentes. Y demasiada glucosa conlleva a serios problemas.

Para comprender la diabetes, ayuda entender cómo tu cuerpo procesa de manera normal la glucosa en la sangre.

El proceso de la glucosa en la sangre

La glucosa en la sangre proviene de dos fuentes importantes: la comida que ingieres y tu hígado. Durante la digestión, la glucosa es absorbida hacia tu torrente sanguíneo. Normalmente, después de ello entra a las células de tu cuerpo, ayudada por la acción de la insulina. La hormona insulina proviene de tu páncreas. Cuando comes, tu páncreas secreta insulina hacia tu torrente sanguíneo.

Mientras circula, la insulina actúa como una llave que abre puertas microscópicas que permiten a la glucosa entrar a tus células. De esta forma, la insulina disminuye la cantidad de glucosa en tu torrente sanguíneo y previene que alcance índices muy altos.

Mientras la cantidad de glucosa disminuye, lo mismo hace la secreción de insulina de tu páncreas. Tu hígado actúa como depósito y centro manufacturero de glucosa. Cuando el nivel de insulina en tu sangre es alto, como después de una comida, tu hígado almacena la glucosa extra como glucógeno, en caso de que tus células la necesitaran más tarde.

Cuando tus niveles de insulina son bajos, como por ejemplo cuando no has comido en mucho tiempo, tu hígado libera la glucosa almacenada hacia tu torrente sanguíneo para mantener tu proporción de azúcar en la sangre dentro de límites normales.

Cuando tienes diabetes

Si tienes diabetes, este proceso no trabaja apropiadamente; en vez de ser transportado al interior de tus células, el exceso de glucosa aumenta en tu torrente sanguíneo y finalmente algo de ese exceso es excretado en tu orina. Esto ocurre por lo común cuando tu páncreas produce poco o nada de insulina, o tus células no responden apropiadamente a la insulina, o por ambas razones.

El término médico para esta condición es *diabetes mellitus*. Mellitus es una palabra latina que significa "miel dulce", lo que hace referencia al exceso de azúcar en tu sangre y orina.

Otra forma de diabetes, llamada diabetes insípida, es una condición poco común en la que los riñones no son capaces de conservar agua, y esto ocasiona incremento en la orina y sed excesiva. Más que un problema de insulina, la diabetes insípida resulta de un trastorno hormonal diferente.

En este libro, el término diabetes se refiere a *diabetes mellitus*.

Epidemia nacional

Debido en gran parte al creciente número de estadounidenses que tiene sobrepeso y al envejecimiento de la población de Estados Unidos, la diabetes se ha convertido en un problema mayor de salud en este país. Mientras aumenta tu edad y tu peso, aumenta el riesgo de padecer la forma más común de diabetes —tipo 2—.

Los datos más recientes de los Centros para el Control y la Prevención de Enfermedades de Estados Unidos muestran que cerca de 24 millones de adultos y niños estadounidenses presentan diabetes, un incremento de más de tres millones de personas en dos años. Las estimaciones también muestran que 57 millones de estadounidenses tienen prediabetes, una condición que te coloca en riesgo elevado de desarrollar diabetes.

La diabetes es la séptima causa de mortalidad y contribuye con más de 230 mil muertes al año en Estados Unidos. Es por esto que es tan importante tratar la enfermedad tan pronto como descubras que la tienes.

Los diferentes tipos

La gente a menudo piensa en diabetes como una enfermedad. Sin embargo, la glucosa puede acumularse en tu sangre por diferentes razones, lo que da como resultado diferentes tipos de diabetes. Las dos formas más comunes son tipo 1 y tipo 2.

Tipo 1

La diabetes tipo 1 se desarrolla cuando tu páncreas produce poca, si es que algo, de insulina. Sin insulina circulante en tu torrente sanguíneo, la glucosa no puede entrar a tus células, por lo que permanece en tu sangre.

La diabetes tipo 1 antes era llamada diabetes insulino-dependiente o juvenil. Eso es porque la enfermedad se desarrolla más a menudo cuando eres niño o adolescente, y la aplicación de insulina a diario es necesaria para aportar la insulina que tu cuerpo no produce.

Sin embargo, los nombres de diabetes insulino-dependiente y diabetes juvenil no son totalmente precisos. Aunque menos común, los adultos también pueden desarrollar diabetes tipo 1. Y el uso de insulina no está limitado a las personas con diabetes tipo 1. La gente con otras formas de diabetes también puede necesitar insulina.

La diabetes tipo 1 es una enfermedad autoinmune, lo que significa que tu propio sistema inmunológico es el causante. De manera similar a como ataca a virus o bacterias invasoras, tu sistema corporal de defensa contra las infecciones ataca a tu páncreas, centrándose en tus células beta, las productoras de insulina. Los investigadores no tienen la certeza de qué provoca a tu sistema inmunológico a pelear contra tu propio cuerpo, pero creen que pueden estar involucrados factores genéticos, exposición a ciertos virus, y la dieta.

Los ataques pueden reducir dramáticamente —aun de manera total— la capacidad de tu páncreas para producir insulina. Entre 5 y 10% de las personas con diabetes tienen el tipo 1, con ocurrencia de la enfermedad casi de manera igual entre hombres y mujeres.

El proceso que deriva en diabetes tipo 1 puede ocurrir lentamente, por lo que puede avanzar sin detectarse por varios meses o quizá más tiempo. Más a menudo, aunque los síntomas pueden presentarse rápidamente, es común que sigan a una enfermedad.

¿Si tengo familiares cercanos con diabetes tipo 1 cuáles son mis probabilidades de adquirir la enfermedad?

Por razones que no son bien entendidas, tu riesgo de desarrollar diabetes es variable. Nota en la tabla de abajo que la historia familiar —que incluye tanto las conductas aprendidas como la genética— junto con el estilo de vida parecen jugar un papel más importante en el desarrollo de diabetes tipo 2 que en la de tipo 1. Muchas personas con diabetes tipo 1 no tienen antecedentes familiares conocidos.

¿Cómo afecta el antecedente familiar tu riesgo de contraer diabetes?

Tipo 1		Tipo 2	
Familiares con diabetes	Tu riesgo estimado	Familiares con diabetes	Tu riesgo estimado
Madre	1 a 5%	Madre	5 a 20%
Padre	5 a 15%	Padre	5 a 20%
Ambos padres	0 a 25%	Ambos padres	25 a 50%
Hermano o hermana	5 a 10%	Hermano o hermana	25 a 50%
Gemelo idéntico	25 a 50%	Gemelo idéntico	60 a 75%

Fuente: Basado en la revisión de artículos de revistas médicas y libros de texto recientes

Tipo 2

La diabetes tipo 2 es la forma más común de la enfermedad. Noventa a 95% de las personas mayores de 20 años con diabetes tienen el tipo 2. Como la diabetes tipo 1, la tipo 2 también era llamada con otros nombres: diabetes no insulino-dependiente y diabetes de inicio en el adulto. Estos nombres reflejan que muchas personas con diabetes tipo 2 no necesitan inyectarse insulina y que la enfermedad por lo común se desarrolla en adultos.

Igual que con la tipo 1, estos nombres no son totalmente precisos. Esto es debido a que niños y adolescentes, así como adultos, pueden desarrollar la enfermedad tipo 2. De hecho, la incidencia de diabetes tipo 2 en niños y adolescentes está incrementando. Además, mucha gente con diabetes tipo 2 necesita insulina para controlar su glucosa en sangre.

De manera diferente a la tipo 1, la diabetes tipo 2 no es una enfermedad autoinmune. Con la diabetes tipo 2, tu páncreas produce insulina, pero tus células se vuelven resistentes a ella. Por lo tanto, la insulina no puede ayudar a introducir glucosa a tus células. Como resultado, la mayor parte de la glucosa permanece en tu torrente sanguíneo y se acumula. Exactamente por qué las células se vuelven resistentes a la insulina es desconocido, aunque el exceso de peso y el tejido graso parecen ser factores importantes. La mayoría de las personas que desarrollan diabetes tipo 2 tiene sobrepeso.

Algunas personas con diabetes tipo 2 con el tiempo requieren inyecciones de insulina. Esto es porque el páncreas puede no producir insulina suficiente o puede haber perdido su capacidad para producir insulina. Igual que las personas con diabetes tipo 1, las personas con enfermedad tipo 2 pueden convertirse en dependientes de la insulina.

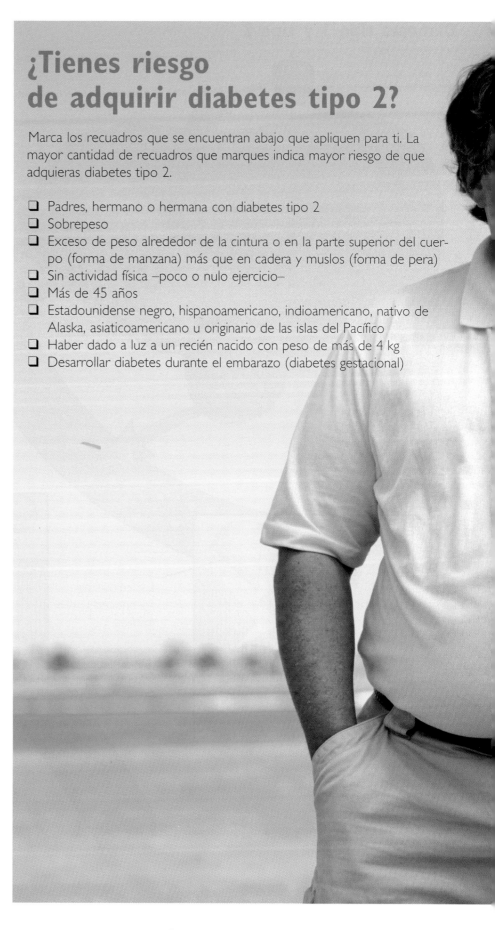

¿Tienes riesgo de adquirir diabetes tipo 2?

Marca los recuadros que se encuentran abajo que apliquen para ti. La mayor cantidad de recuadros que marques indica mayor riesgo de que adquieras diabetes tipo 2.

- ❑ Padres, hermano o hermana con diabetes tipo 2
- ❑ Sobrepeso
- ❑ Exceso de peso alrededor de la cintura o en la parte superior del cuerpo (forma de manzana) más que en cadera y muslos (forma de pera)
- ❑ Sin actividad física –poco o nulo ejercicio–
- ❑ Más de 45 años
- ❑ Estadounidense negro, hispanoamericano, indioamericano, nativo de Alaska, asiaticoamericano u originario de las islas del Pacífico
- ❑ Haber dado a luz a un recién nacido con peso de más de 4 kg
- ❑ Desarrollar diabetes durante el embarazo (diabetes gestacional)

Diabetes tipo 1 y tipo 2

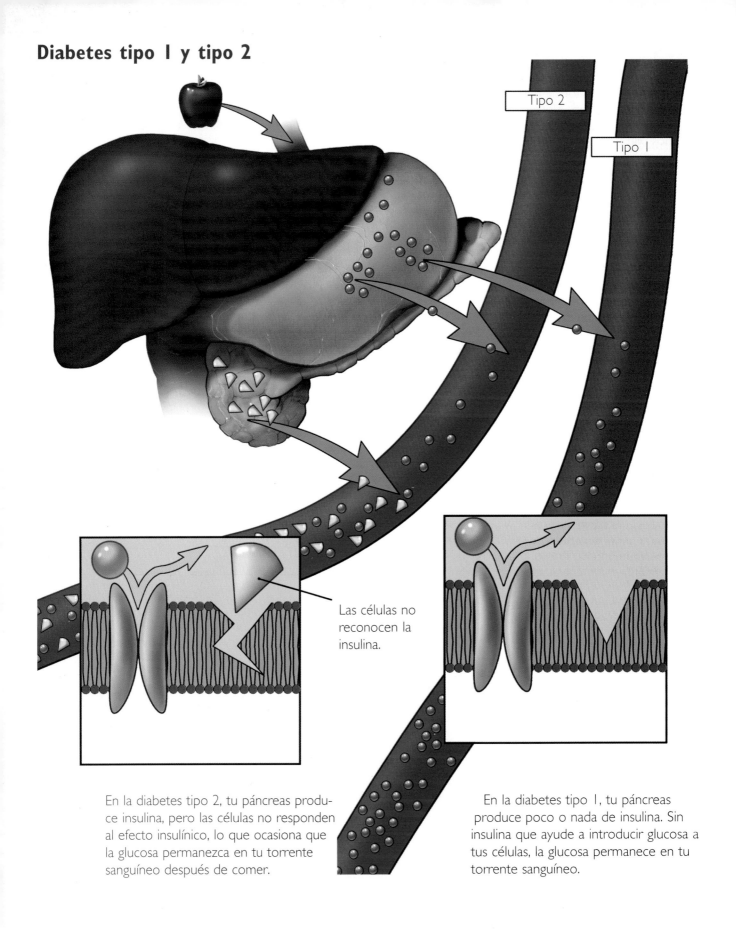

Tipo 2

Tipo 1

Las células no
reconocen la
insulina.

En la diabetes tipo 2, tu páncreas produce insulina, pero las células no responden al efecto insulínico, lo que ocasiona que la glucosa permanezca en tu torrente sanguíneo después de comer.

En la diabetes tipo 1, tu páncreas produce poco o nada de insulina. Sin insulina que ayude a introducir glucosa a tus células, la glucosa permanece en tu torrente sanguíneo.

Otros tipos

Los tipos 1 y 2 son las formas más comunes de diabetes y por lo tanto reciben la mayor atención. La enfermedad, sin embargo, puede presentarse en otras formas.

Gestacional

La diabetes gestacional es el nombre que se da a la diabetes que se desarrolla durante el embarazo. La diabetes puede desarrollarse temporalmente cuando las hormonas secretadas durante el embarazo incrementan la resistencia de tu cuerpo a la insulina. Esto sucede en cerca de 4% de las mujeres embarazadas en Estados Unidos, aunque dicha estimación varía.

La diabetes gestacional se desarrolla casi siempre durante la segunda mitad del embarazo —en especial en el tercer trimestre— y desaparece después de que el bebé ha nacido. Pero cerca de la mitad de todas las mujeres que han experimentado diabetes gestacional desarrolla diabetes tipo 2 más tarde en su vida.

La mayoría de las mujeres embarazadas se someten a estudios para identificar de manera temprana la diabetes gestacional. Si tú desarrollas diabetes gestacional, estar atenta a tu condición y controlar tus niveles de glucosa en sangre durante tu embarazo puede reducir las complicaciones para ti y para tu bebé.

DLAA y DJIM

La diabetes latente autoinmune del adulto (DLAA) es una forma de diabetes tipo 1 que se desarrolla lentamente durante muchos años. La DLAA es poco común, pero puede confundirse con diabetes tipo 2.

La diabetes juvenil de inicio en la maduez (DJIM) es una forma poco común de diabetes tipo 2, causada por un defecto de un solo gen.

Otras causas

Un número pequeño de casos diagnosticados como diabetes es el resultado de condiciones o medicamentos que pueden interferir con la producción de insulina o con su acción.

Incluyen: inflamación del páncreas (pancreatitis), extracción del páncreas, trastornos de las glándulas suprarrenales o de la hipófisis, defectos congénitos poco comunes, infección, desnutrición, o medicamentos utilizados para tratar otras enfermedades.

Signos y síntomas

Igual que muchas personas, debido a que no habías experimentado ningún síntoma, puedes estar sorprendido de saber que tienes diabetes. Te sentías bien. A menudo no hay síntomas tempranos.

Esto es especialmente cierto con la diabetes tipo 2. La falta de síntomas y la presentación lenta de la enfermedad son las principales razones para que la diabetes tipo 2 a menudo avance sin detectarse durante años. Cuando los síntomas se desarrollan debido a la glucosa en sangre persistentemente alta, pueden ser variados.

Dos síntomas clásicos que se presentan en la mayoría de las personas con la enfermedad son incremento en la sed y una frecuente necesidad de orinar.

Sed intensa e incremento de orina

Cuando tienes una cantidad alta de glucosa en tu sangre, se sobrepasa la capacidad del sistema de filtración de los riñones. Tus riñones no pueden reabsorber todo el exceso de azúcar, y ésta es excretada con la orina junto con líquidos que provienen de tus tejidos. Este proceso resulta en orinar con mayor frecuencia. Como resultado, te sientes deshidratado. Para reponer los líqui-

dos que se han extraído, casi de manera constante ingieres agua u otras bebidas.

Sentirte agripado

Los síntomas de la diabetes, como fatiga, debilidad y pérdida del apetito, pueden simular una enfermedad viral. Esto es porque cuando tienes diabetes y no está bien controlada, el proceso para la utilización de glucosa como energía está disminuido, lo que afecta la función de tu cuerpo.

Pérdida o ganancia de peso

Algunas personas, especialmente aquellas con diabetes tipo 1, pierden peso antes del diagnóstico. Esto es porque la pérdida de glucosa a través de la orina conduce a pérdida calórica. La mayoría de la grasa almacenada se utiliza para generar energía, y el tejido muscular puede no obtener glucosa suficiente para generar crecimiento. La pérdida de peso puede no ser identificada en personas con diabetes tipo 2, debido a que tienden a padecer sobrepeso. Pero en la mayoría de las personas con tipo 2 y algunas con tipo 1, la diabetes se desarrolla después de un periodo de ganancia de peso. El exceso de peso empeora la resistencia a la insulina, lo que incrementa la cantidad de azúcar en la sangre.

Visión borrosa

El exceso de glucosa en tu sangre extrae líquido del cristalino de tus ojos, lo que produce su adelgazamiento y afecta su capacidad para enfocar. Disminuir tu glucosa en la sangre ayuda a restablecer los líquidos de tu cristalino. Tu visión puede permanecer borrosa por un tiempo mientras tu cristalino se ajusta a la restauración de líquidos. Pero, por lo común, la visión mejora con el tiempo. La glucosa alta en la sangre también puede producir la formación de pequeños vasos sanguíneos en tus ojos que pueden sangrar. Los vasos sanguíneos por sí mismos no producen síntomas, pero el sangrado de los vasos puede producir manchas oscuras, destellos luminosos, anillos alrededor de las luces y hasta ceguera.

Debido a que los cambios oculares relacionados con la diabetes a menudo no producen síntomas, es importante que acudas de manera regular con un especialista de los ojos (oftalmólogo u optometrista). Al dilatar tus pupilas, un especialista en los ojos es capaz de examinar los vasos sanguíneos en cada retina.

Llagas que sanan lentamente o infecciones frecuentes

Los niveles altos de glucosa bloquean tu proceso natural para sanar el cuerpo y su capacidad para combatir las infecciones. En las mujeres, las infecciones vaginales y de vejiga son particularmente comunes.

Hormigueo en manos y pies

Demasiada glucosa en tu sangre puede dañar tus nervios, que son nutridos por tu sangre. El daño a los nervios puede producir diversos síntomas. Los más comunes son una sensación de hormigueo y pérdida de la sensibilidad que se presentan principalmente en tus manos y pies. Esto resulta por el daño a tus nervios sensitivos. También puedes experimentar dolor en tus extremidades –piernas, pies, brazos y manos– incluyendo dolor de tipo ardoroso.

Encías rojas, inflamadas y adoloridas

La diabetes también puede debilitar la capacidad de tu boca para combatir gérmenes. Esto incrementa el riesgo de infección en las encías y huesos que ayudan a mantener tus dientes en su lugar.

Los signos y síntomas de infección en las encías incluyen:

- Encías que se han retraído de tus dientes, exponiendo la mayor parte de tus dientes o incluso parte de la raíz
- Llagas o colecciones de pus en tus encías
- Pérdida de dientes permanentes
- Cambios en la condición de tu dentadura

Signos de alerta de diabetes

Ya sea que tengas diabetes tipo 1 o tipo 2, los signos y síntomas clásicos son:
- Sed excesiva
- Orinar frecuentemente

Otros signos y síntomas pueden incluir:
- Hambre constante
- Pérdida de peso inexplicable
- Ganancia de peso (más común en tipo 2)
- Síntomas parecidos a la gripa, incluyendo debilidad y fatiga
- Visión borrosa
- Heridas o magulladuras que tardan en sanar
- Hormigueo o pérdida de la sensibilidad en manos y pies
- Infecciones recurrentes de piel o encías
- Infecciones recurrentes de vagina o vejiga

¿Estás en riesgo?

Quizá has escuchado alguno de los mitos más comunes acerca de la diabetes —que proviene por comer mucha azúcar—. Eso no es verdad. Los investigadores no entienden por qué algunas personas desarrollan la enfermedad y otras no. Sin embargo, está claro que tu estilo de vida y ciertas condiciones de salud pueden incrementar tu riesgo.

Historia familiar

Tu probabilidad para desarrollar diabetes tipo 1 o tipo 2 se incrementa si algún familiar inmediato tiene la enfermedad, más si esa persona es tu madre, padre, hermano o hermana (ve el cuadro en la página 10). La genética juega un papel en la enfermedad, pero se desconoce con exactitud de qué manera ciertos genes pueden causar diabetes. Los científicos están estudiando genes que pueden estar ligados a la diabetes, pero las pruebas están todavía en estudio y no disponibles para uso clínico rutinario.

Aunque las personas que han desarrollado diabetes pueden tener una tendencia hereditaria hacia la enfermedad, algún tipo de factor ambiental por lo común desencadena esta tendencia.

Peso

Tener sobrepeso o ser obeso es uno de los factores de riesgo más comunes para adquirir diabetes tipo 2. Más de 80% de las personas con diabetes tipo 2 tiene sobrepeso o es obeso. Mientras más tejido graso tengas, mayor resistencia tendrán las células de tus músculos y tejidos a tu propia insulina. Esto es especialmente cierto si tu exceso de peso se concentra alrededor de tu abdomen, y tu cuerpo tiene forma de manzana más que forma de pera, en la que el peso está en su mayoría en caderas y muslos.

Mucha gente con diabetes y sobrepeso puede mejorar sus niveles de glucosa en sangre simplemente al perder peso. Aun pérdidas de peso pequeñas pueden tener efectos benéficos, al reducir el azúcar de la sangre o al permitir actuar mejor a los medicamentos para la diabetes.

Inactividad

Mientras menos activo eres, tu riesgo para adquirir diabetes tipo 2 es mayor. La actividad física te ayuda a controlar tu peso, utilizar el azúcar como energía, hace más sensibles a tus células a la insulina, incrementa tu flujo de sangre y mejora la circulación. El ejercicio también ayuda a aumentar la masa muscular. Eso es importante debido a que la mayor parte de la glucosa en tu sangre es absorbida por tus músculos y es quemada como energía.

Edad

Tu riesgo para tener diabetes tipo 2 se incrementa al envejecer, de manera especial después de los 45 años. Por lo menos uno de cinco estadounidenses de 65 años o más tiene diabetes. Una parte de la razón es que al envejecer las personas tienden a convertirse en menos activas físicamente, pierden masa muscular y ganan peso.

Sin embargo, en años recientes, se ha visto un incremento dramático en diabetes tipo 2 en personas entre 30 y 50 años. Además, niños y adolescentes están siendo diagnosticados con diabetes tipo 2.

Porcentaje estimado de adultos estadounidenses con diabetes por grupo de edad

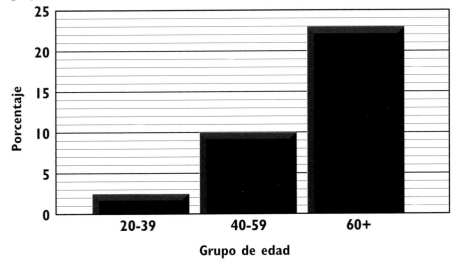

Fuente: Instituto Nacional de Diabetes y Enfermedades Digestivas y Renales, Estadísticas Nacionales de Diabetes 2007

Se estima que más de 2% de adultos entre 20 y 39 años, cerca de 10% de adultos entre 40 y 59 años y más de 23% de adultos de 60 años o más tienen diabetes tipo 1 o tipo 2.

Raza

Cerca de 8% de la población de Estados Unidos tiene diabetes. Aunque no está claro por qué, las personas de ciertas razas tienen mayor probabilidad de desarrollar diabetes que otras.

La diabetes tipo 1 es más común en estadounidenses blancos que en estadounidenses negros, hispanoamericanos u otros grupos étnicos o razas. Sin embargo, si tú eres estadounidense negro o hispanoamericano, tienes una probabilidad cercana a una y media veces más de tener diabetes tipo 2 que alguien que es blanco.

Si tú eres indígena estadounidense o nativo de Alaska, tu riesgo de diabetes tipo 2 es más del doble comparado con los blancos. Los nativos de las islas del Pacífico y los asiaticoamericanos también tienen un riesgo más alto de adquirir diabetes tipo 2 que los estadounidenses blancos.

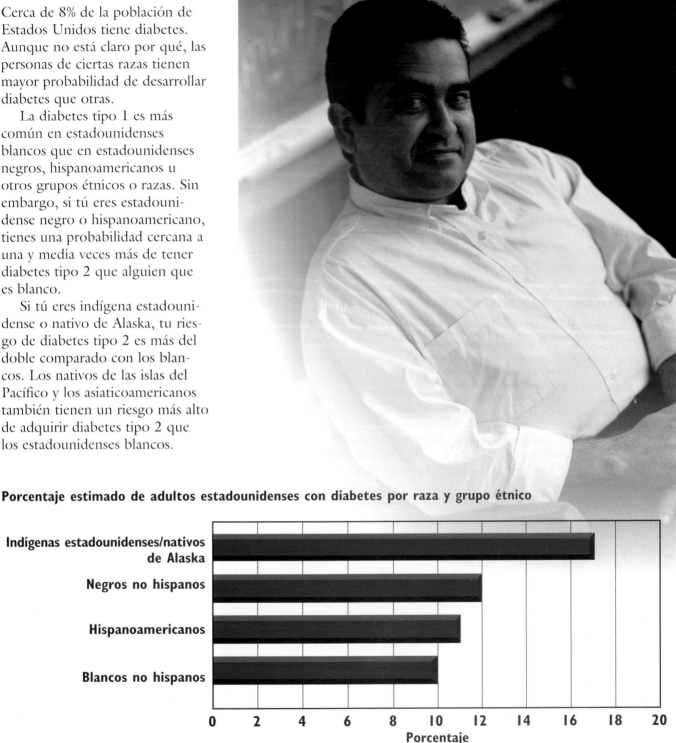

Porcentaje estimado de adultos estadounidenses con diabetes por raza y grupo étnico

Fuente: Centros para el Control y la Prevención de Enfermedades, Hoja Nacional de Datos sobre Diabetes 2007

Se estima que cerca de 10% de adultos blancos no hispanos (20 años o más) tiene diabetes tipo 1 o tipo 2. Pero el porcentaje de adultos con diabetes es mayor en otros grupos, afectando a casi 17% de indígenas estadounidenses y nativos de Alaska, casi 12% de negros no hispanos y casi 11% de hispanoamericanos.

Síndrome metabólico y diabetes

El síndrome metabólico (también llamado síndrome de resistencia a la insulina) es un conjunto de trastornos metabólicos que te otorgan mayor probabilidad de desarrollar diabetes tipo 2, enfermedad del corazón y evento vascular cerebral. Puedes tener síndrome metabólico si tienes tres o más de los factores de riesgo.

- **Obesidad abdominal.** Más de 89 cm de cintura en mujeres y más de 102 cm de cintura en los hombres*
- **Triglicéridos.** 150 miligramos o más por decilitro (mg/dL) de sangre, o tratamiento con medicamentos para triglicéridos elevados
- **Colesterol HDL.** El colesterol de lipoproteínas de alta densidad, "el bueno": menor de 50 mg/dL para mujeres y menor de 40 mg/dL para hombres, o medicamentos para tratar niveles bajos de HDL
- **Presión arterial.** Sistólica (cifra alta) de 130 mm Hg o más, o diastólica (cifra baja) de 85 mm Hg o más, o tratamiento para presión arterial elevada
- **Glucosa en sangre en ayuno.** 100 mg/dL o más, o tratamiento con medicamentos para glucosa en sangre elevada

Si crees que tienes síndrome metabólico, platica con tu doctor acerca de las pruebas que puedan ayudar a determinar esto. Una dieta equilibrada, obtener un peso saludable e incrementar tu nivel de actividad física pueden ayudar a combatir el síndrome metabólico y a jugar un papel en la prevención de diabetes y otras enfermedades importantes.

*Para asiaticoamericanos: más de 79 cm para mujeres y más de 89 cm para hombres.

Fuente: American Heart Association / National Heart, Lung and Blood Institute, 2005

Pruebas para detectar diabetes

Muchas personas se enteran que tienen diabetes a través de pruebas de sangre realizadas por otra condición médica o como parte de un examen físico completo. La mayoría de los doctores no investiga diabetes durante visitas rutinarias. Algunas veces, sin embargo, el médico puede hacer pruebas específicas para diabetes si sospecha la enfermedad con base en síntomas o factores de riesgo. Cualquiera de diversas pruebas puede indicar si tienes diabetes, pero algunas son más precisas que otras.

Prueba de glucosa en sangre en ayuno

La cantidad de glucosa en tu sangre fluctúa de manera natural, pero con límites estrechos. Tu nivel de glucosa en sangre es típicamente más alto después de un alimento y más bajo después de un ayuno nocturno. La forma preferida para examinar tu nivel de glucosa en sangre es después de un ayuno nocturno o de por lo menos ocho horas.

Se obtiene sangre de una vena y se envía al laboratorio para evaluación. Una cifra de glucosa en sangre en ayuno menor de 100 miligramos por decilitro (mg/dL) es considerada normal. Si tu cifra está entre 100 y 125 mg/dL, tu glucosa en ayuno está afectada, lo que comúnmente se refiere como prediabetes. La prediabetes no debe ser tomada a la ligera. Es un signo de que estás en alto riesgo de desarrollar diabetes y que deberías ver a tu médico regularmente y tomar medidas para controlar tu glucosa.

Si, después de dos pruebas, tu glucosa es de 126 mg/dL o más después de un ayuno de por lo menos ocho horas, tienes diabetes. Si tu glucosa en sangre es mayor de 200 mg/dL, con síntomas de diabetes, una segunda prueba puede no ser necesaria para establecer el diagnóstico.

Qué significan los resultados

Si tienes síntomas que sugieren diabetes, pregunta a tu médico por la prueba de glucosa en sangre en ayuno. Obtén una prueba inicial a la edad de 45 años. Si tus resultados son normales, realiza la prueba cada tres años. Si tienes prediabetes, realiza esta prueba por lo menos una vez al año. Si tienes sobrepeso y uno o más de los factores de riesgo adicionales para diabetes, realiza la prueba a menor edad y con más frecuencia.

Cantidad de glucosa	Indica
Menor de 100 mg/dL	Normal
100 a 125 mg/dL	Prediabetes*
126 mg/dL o más en dos pruebas diferentes	Diabetes

mg/dL = miligramos de glucosa por decilitro de sangre
*Prediabetes significa que estás en alto riesgo de desarrollar diabetes.

Prueba aleatoria de glucosa en sangre

Esta prueba puede ser parte de las pruebas rutinarias de sangre realizadas durante un examen físico. Utilizando una aguja insertada en una vena, se extrae sangre para una variedad de pruebas de laboratorio. Esto es hecho sin ninguna preparación especial de tu parte, como el ayuno nocturno. Aun si recientemente has comido y tu glucosa en sangre está en su nivel más alto, esta cifra no debe estar por arriba de 200 mg/dL. Si es así, y si tienes síntomas de diabetes, puedes esperar el diagnóstico de diabetes.

Prueba de tolerancia oral a la glucosa

Esta prueba es menos utilizada actualmente debido a que otras pruebas son menos costosas y más fáciles de administrar.

Una prueba de tolerancia oral a la glucosa requiere tu visita al laboratorio o al consultorio de tu médico después de un ayuno de por lo menos ocho horas. Ahí ingieres cerca de 240 mL de un líquido dulce que contiene una cantidad elevada de azúcar —aproximadamente 75 gramos—. Tu glucosa en sangre se mide antes de que ingieras el líquido, después de una hora y otra vez después de dos horas.

Si tienes diabetes, tu glucosa en sangre se eleva más de lo normal. Si tu glucosa en sangre alcanza cifras entre 140 y 199 mg/dL después de dos horas, tienes tolerancia a la glucosa disminuida, otra condición de prediabetes. Si tu glucosa en sangre es de 200 mg/dL o más después de dos horas, tienes diabetes.

Para que esta prueba sea preci-sa, debes seguir tu dieta habitual y tener buena salud sin ninguna otra enfermedad —ni siquiera un resfriado—. También debes ser activo relativamente y no tomar medicamentos que pudieran afectar tu nivel de glucosa en sangre.

Los médicos a menudo utilizan una versión modificada de esta prueba para revisar a mujeres embarazadas en busca de diabetes gestacional.

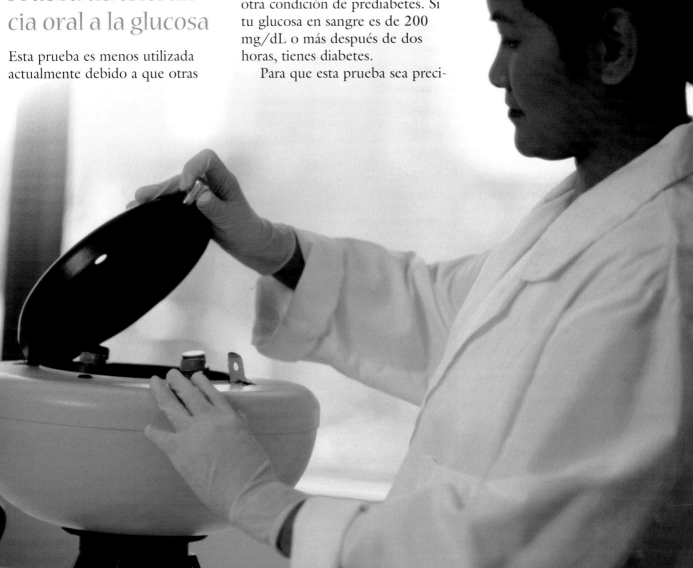

Peligros de la diabetes

A menudo la diabetes puede ignorarse de manera fácil, especialmente en las etapas tempranas. Te sientes bien. Tu cuerpo parece estar trabajando bien. No hay síntomas. No hay problemas. ¿Correcto? Ni cercanamente es así.

Mientras estás sin hacer nada, el exceso de glucosa en tu sangre está erosionando la estructura fundamental de tu cuerpo, amenazando órganos vitales, incluyendo tu corazón, nervios, ojos y riñones. Podrías no sentir los efectos en este momento. Pero con el tiempo lo harás.

Comparado con las personas que no tienen diabetes, cuando la tienes tú presentas:

- Dos veces mayor probabilidad de sufrir un ataque cardiaco, evento vascular cerebral y muerte por enfermedad cardiovascular

Entre los adultos de Estados Unidos, la diabetes es la causa principal de:

- Ceguera en personas entre 20 y 74 años de edad
- Insuficiencia renal (enfermedad renal terminal)
- Amputación de miembros

Los investigadores están progresando ampliamente en la comprensión de qué desencadena las complicaciones de la diabetes y cómo manejarlas o prevenirlas. Diversos estudios muestran que si mantienes tu glucosa en sangre cerca de lo normal, puedes reducir dramáticamente tus riesgos de complicaciones.

Y nunca es tarde para empezar. Tan pronto como inicies el cuidado de tu glucosa, puedes hacer más lento el progreso de las complicaciones y reducir tus probabilidades de generar más problemas de salud.

? **¿El riesgo de muerte después de un ataque cardiaco es mayor en personas con diabetes que en personas que no la tienen?**

Sí. Las personas con diabetes tienen más probabilidad de tener hipertensión arterial y colesterol elevado, lo que incrementa el daño a las arterias que proveen oxígeno al corazón (arterias coronarias), lo que provoca un ataque más grave. Además, las personas con diabetes tienen menor probabilidad de experimentar los síntomas típicos de un ataque cardiaco, por lo que pueden no buscar atención médica de manera rápida.

Urgencias médicas

Las urgencias médicas requieren atención inmediata. Si experimentas cualquiera de los siguientes signos o síntomas, obtén ayuda médica de inmediato.

Azúcar baja en la sangre (hipoglucemia)

El nivel bajo de glucosa en sangre —debajo de 70 miligramos de glucosa por decilitro de sangre (mg/dL)— se llama hipoglucemia. Esta condición resulta básicamente de demasiada insulina y poca glucosa en tu sangre. Si tu nivel de glucosa en sangre cae muy abajo —por ejemplo, debajo de 50 mg/dL—, esto podría resultar en inconciencia, una condición llamada en ocasiones choque insulínico o coma.

La hipoglucemia, también llamada reacción insulínica, es más común entre las personas que se aplican insulina. También puede ocurrir en personas que toman medicamentos orales que favorecen la liberación de insulina. La cantidad de glucosa en tu sangre puede disminuir por muchas razones, como:

- Saltarse o retrasar un alimento
- Comer muy pocos carbohidratos
- Ejercicio extenuante o por más tiempo de lo normal
- Tener demasiada insulina por no ajustar tu medicamento cuando experimentas cambios en tu nivel de glucosa en sangre

¿Cuáles son los signos y síntomas?

Los signos y síntomas de hipoglucemia varían, dependiendo de qué tan bajo haya caído tu nivel de glucosa en sangre.

Signos y síntomas tempranos:
- Sudación
- Debilidad
- Temblores
- Hambre
- Trastornos visuales
- Vahído
- Nerviosismo
- Irritabilidad
- Dolor de cabeza
- Náusea
- Frecuencia cardiaca rápida
- Piel fría y húmeda

Signos y síntomas tardíos:
(ocurren típicamente con un nivel de glucosa en sangre menor de 40 mg/dL)
- Arrastrar las palabras
- Somnolencia
- Conducta como si estuvieras ebrio
- Confusión

Signos y síntomas urgentes:
- Convulsiones
- Inconciencia (coma), que puede ser fatal

¿Qué debes hacer?

Tan pronto como sospeches que tu glucosa en sangre está baja, revisa tu nivel de glucosa. Si es

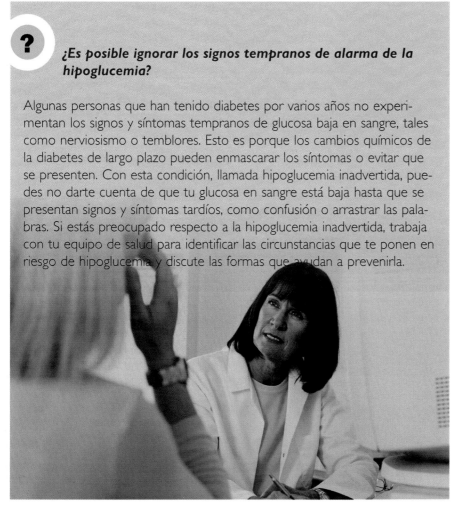

? **¿Es posible ignorar los signos tempranos de alarma de la hipoglucemia?**

Algunas personas que han tenido diabetes por varios años no experimentan los signos y síntomas tempranos de glucosa baja en sangre, tales como nerviosismo o temblores. Esto es porque los cambios químicos de la diabetes de largo plazo pueden enmascarar los síntomas o evitar que se presenten. Con esta condición, llamada hipoglucemia inadvertida, puedes no darte cuenta de que tu glucosa en sangre está baja hasta que se presentan signos y síntomas tardíos, como confusión o arrastrar las palabras. Si estás preocupado respecto a la hipoglucemia inadvertida, trabaja con tu equipo de salud para identificar las circunstancias que te ponen en riesgo de hipoglucemia y discute las formas que ayudan a prevenirla.

menor que 70 mg/dL, come o bebe algo que eleve tu nivel rápidamente. Buenos ejemplos incluyen:

- Caramelos, en cantidad igual o cercana a 5 gomitas
- Refresco normal (no de dieta)
- La mitad de una taza de jugo de fruta
- Tabletas de glucosa (píldoras sin receta hechas especialmente para tratar glucosa baja en sangre)

Si después de 15 minutos continúas experimentando síntomas, repite el tratamiento. Si todavía no desaparecen, contacta a tu médico o llama para asistencia de urgencia.

Si pierdes la conciencia o por alguna otra razón no puedes deglutir, necesitarás una inyección de glucagon, una hormona de acción rápida que estimula la liberación de glucosa hacia tu sangre. Enseña a tus amigos cercanos y miembros de la familia cómo aplicarte la inyección en caso de una urgencia. También diles que llamen al número local de urgencias si no recuperas la conciencia rápidamente.

Un equipo de urgencia de glucagon incluye el medicamento y una jeringa. La inyección es fácil de administrar y generalmente se aplica en un brazo, glúteo, muslo o el abdomen. El medicamento inicia su efecto en cerca de cinco minutos. Si te aplicas insulina, debes tener un equipo de glucagon contigo o cerca de ti todo el tiempo. Muchas personas tienen varios equipos y guardan uno en cada vehículo, en casa, en el trabajo y en la bolsa o maleta deportiva.

Me han dicho que tengo hiperglucemia. ¿Qué es esto?

El término médico para la glucosa en sangre elevada –azúcar en sangre arriba de lo normal– es *hiperglucemia*. Ya sea que tengas prediabetes o diabetes, tienes hiperglucemia. La clave es asegurarte de que tu glucosa en sangre no esté fuera de control. Si tienes diabetes, revisa regularmente tu glucosa en sangre y mantenla en los límites que tu equipo de salud recomienda para ayudar a prevenir hiperglucemia grave. Si la hiperglucemia no es tratada de manera temprana, puede derivar en problemas que amenazan la vida, como el estado hiperglucémico hiperosmolar (EHH) o cetoacidosis diabética (CAD).

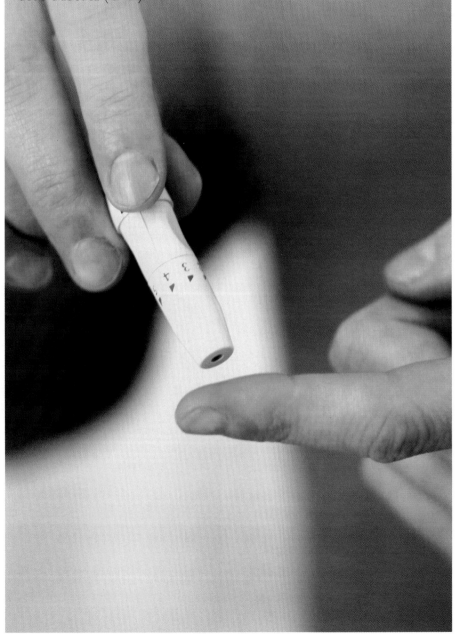

Azúcar alta en la sangre (hiperglucemia)

Cuando tu glucosa en sangre alcanza niveles peligrosamente altos, tu sangre, en realidad, se vuelve espesa y dulce. Esta condición llamada estado hiperglucémico hiperosmolar (EHH) puede ocurrir cuando tu glucosa en sangre es mayor que 600 miligramos de glucosa por decilitro de sangre (mg/dL).

Tus células no pueden absorber tanta glucosa, por lo tanto la glucosa pasa de tu sangre hacia tu orina. Esto desencadena un proceso de filtración que extrae cantidades tremendas de líquido de tu cuerpo y resulta en deshidratación, una condición causada por pérdida excesiva de agua.

El EHH es más común en personas con diabetes tipo 2, especialmente en personas que no vigilan su glucosa en sangre o que no saben que tienen diabetes. Esto puede ocurrir en personas con diabetes que están tomando esteroides en dosis altas o medicamentos que incrementan la micción.

También puede presentarse por una infección (como de vías urinarias o neumonía), enfermedad, estrés, beber mucho alcohol o abusar de drogas. Los ancianos con diabetes que no toman suficientes líquidos también tienen riesgo de presentar EHH.

¿Cuáles son los signos y síntomas?

Los signos y síntomas del EHH incluyen:
- Sed excesiva
- Calambres en las piernas
- Boca seca
- Pulso rápido
- Orinar frecuentemente
- Convulsiones
- Deshidratación
- Confusión
- Debilidad
- Coma

¿Qué debes hacer?

Revisa tu nivel de glucosa en sangre. Si es mayor de 350 mg/dL, llama a tu médico para que te aconseje. Si es de 500 mg/dL o más alto, ve a tu médico inmediatamente. Esta es una situación de urgencia. Pide a otra persona más que te lleve en auto al servicio de urgencias. Tú no conduzcas.

El tratamiento de urgencia puede corregir el problema en horas. Probablemente recibirás líquidos intravenosos para reponer el agua de tus tejidos, e insulina de acción rápida para ayudar a las células de tus tejidos a absorber glucosa. Sin tratamiento apropiado, la condición puede ser fatal.

¿Si experimento coma diabético y nadie está cerca para ayudarme, con el tiempo saldré de él?

El estado de coma puede resultar de glucosa en sangre peligrosamente alta o baja. Que el estado de conciencia se recupere sin asistencia depende de muchos factores, incluido qué tan alto o bajo sea tu nivel de glucosa en sangre, y el tiempo transcurrido desde tu último alimento o de haber recibido la inyección de insulina. Si vives solo o pasas solo la mayor parte del día, recluta a miembros de la familia o amigos para que te llamen por teléfono si no te presentas a trabajar o para que te vigilen periódicamente. Puede parecer una imposición, pero estas personas a menudo se sienten felices de ayudar e incluso pueden salvar tu vida.

Cuerpos cetónicos elevados (cetoacidosis diabética)

Cuando no tienes insulina suficiente durante un periodo, las células de tus músculos se encuentran ávidas de energía por lo que tu cuerpo toma medidas de urgencia y utiliza grasa. Mientras tu cuerpo transforma la grasa en energía, produce ácidos en la sangre conocidos como cetonas. Un incremento de cetonas en la sangre se llama cetoacidosis.

La cetoacidosis diabética (CAD) es una condición peligrosa que puede ser fatal si no se trata. La CAD es más común en personas con diabetes tipo 1. Puede ser causada por saltar alguna de tus inyecciones o por no incrementar tu dosis de insulina en ajuste a una elevación en tu nivel de glucosa en sangre.

El estrés extremo o enfermedad –que puede ocurrir en personas con diabetes tipo 1 o tipo 2– también puede causar CAD. Cuando desarrollas una infección, tu cuerpo produce ciertas hormonas, como adrenalina, para ayudar a combatir el problema. Desafortunadamente, estas hormonas también actúan en contra de la insulina. Algunas veces las dos causas pueden presentarse juntas. Estás enfermo o sobreestresado y olvidas aplicar tu insulina.

En personas que desconocen ser diabéticas, la CAD puede ser el primer signo de enfermedad. Los síntomas tempranos de CAD pueden confundirse con gripa, lo que puede retrasar la atención médica apropiada.

¿Cuáles son los signos y síntomas?

Mientras el nivel de cetonas en tu sangre se incrementa, puedes experimentar:

- Glucosa en sangre elevada
- Sed excesiva
- Boca seca
- Orinar frecuentemente

Los signos y síntomas tardíos incluyen:

- Fatiga
- Visión borrosa
- Náusea
- Confusión
- Vómito
- Pérdida del apetito
- Dolor abdominal
- Pérdida de peso
- Respiración superficial
- Debilidad
- Aliento con olor dulce o a frutas
- Somnolencia

¿Qué debes hacer?

Revisa tu nivel de cetonas si experimentas cualesquiera de los signos o síntomas descritos o cuando tu glucosa en sangre esté persistentemente por arriba de 250 mg/dL. También es una buena idea revisar tu nivel de cetonas si te sientes enfermo o especialmente estresado.

Puedes comprar un equipo para determinación de cetonas en la farmacia y hacerte la prueba en casa. La mayoría de los equipos utiliza cintas tratadas químicamente que mojas en tu orina. Cuando tienes grandes cantidades de cetonas en tu sangre, el exceso se excreta en tu orina.

Las cintas para el examen cambian de color de acuerdo a la cantidad de cetonas en tu orina: baja, moderada o alta. Si el color en la cinta reactiva muestra un nivel de cetonas moderado o alto, llama a tu médico inmediatamente para que te aconseje cuánta insulina aplicarte y toma abundante agua para prevenir la deshidratación. Si tienes niveles altos de cetona y no puedes hablar con tu médico, ve al servicio de urgencias del hospital.

La CAD requiere tratamiento médico urgente, que incluye la reposición intravenosa (IV) de líquidos perdidos. La insulina, que puede combinarse con glucosa, es inyectada IV para que tu cuerpo pueda dejar de formar cetonas. De manera gradual, tu nivel de glucosa en sangre regresa a lo normal.

Ajustar muy rápido la cantidad de glucosa en tu sangre puede producir inflamación de tu cerebro. Pero esta complicación parece ser más común en niños, especialmente aquellos con diagnóstico reciente de diabetes.

Dejar a la CAD sin tratamiento puede llevar a coma y quizás a la muerte.

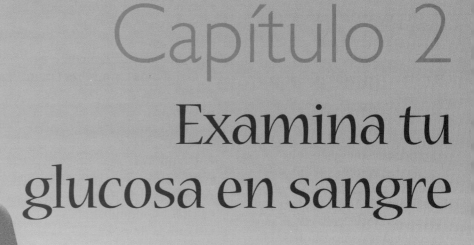

Capítulo 2

Examina tu glucosa en sangre

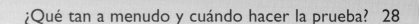

¿Qué tan a menudo y cuándo hacer la prueba? 28

Lo que necesitarás 29

La realización de la prueba 31

Avances de los instrumentos de medición 32

Registro de tus resultados 33

Cómo mantenerte dentro de tus límites 35

Solución de problemas 36

Superación de obstáculos 37

Nancy Klobassa
Educadora en diabetes,
Endocrinología

"Mi médico me dijo que tengo diabetes, y por si no fuera suficientemente malo ahora me doy cuenta de que tengo que examinar mi azúcar en sangre. Eso significa que tengo que picar mi dedo con una aguja, ¿no es así? He hecho esto antes, y duele. ¿Hay alguna otra forma de examinar mi azúcar en sangre? ¿Qué tal las cintas reactivas para orina? Mi tía acostumbra a revisar su azúcar con ellas. Además, mi diabetes no es tan grave. Y me siento bien. Pero, si tuviera que usar insulina mi diabetes sería más seria. Entonces tendría que examinar mi glucosa en sangre, ¿no es cierto?".

Como educadora en diabetes, con frecuencia escucho muchos de estos comentarios cuando alguien que ha sido recién diagnosticado como diabético descubre que necesita iniciar el monitoreo de azúcar en sangre. La razón primaria por la que las personas responden al examen de la forma en que lo hacen es miedo. Y este miedo casi siempre está relacionado con la falta de información precisa acerca de la prueba de glucosa en sangre. Ciertamente, es normal sentir miedo de algo nuevo –en particular de procedimientos que pueden causar alguna molestia– como el monitoreo de tu azúcar en sangre. Sin embargo, la mayoría de las personas encuentra que el procedimiento no es ni tan difícil y doloroso como se lo imaginaron, y después de un tiempo simplemente se convierte en rutina.

Un enfoque útil que acostumbro cuando trabajo con personas que tienen miedo de su prueba de azúcar en sangre es hacer la prueba al inicio de la sesión educativa. Estas personas descubren que el procedimiento sólo ocasiona molestias leves, y probarlo de inmediato significa que él o ella no tendrán que sentarse durante la sesión a esperar el piquete en el dedo. Explico que las agujas (lancetas) son muy delgadas y están cubiertas con silicón, lo que reduce la molestia asociada con el piquete en el dedo. Después hablamos acerca de que hay menos fibras nerviosas a los lados del dedo que en la yema. También le comento a la persona que no hay otra forma de obtener una muestra de sangre sin usar una aguja en alguna otra área del cuerpo.

Las personas con diabetes de reciente diagnóstico a menudo quieren saber por qué es tan importante examinar su glucosa en sangre. La respuesta es que el monitoreo provee información valiosa respecto a cómo el ejercicio, comida, medicamentos, estrés y muchos otros factores afectan el azúcar en la sangre.

Desafortunadamente, examinar tu orina para detectar azúcar no es tan preciso como examinar tu sangre. Esto es porque el riñón no filtra azúcar hacia la orina hasta que tu azúcar en sangre alcanza 180 miligramos de glucosa por decilitro de sangre (mg/dL) o más. Eso es demasiado alto. Un límite de azúcar en sangre deseable es mucho más bajo —70 a 100 mg/dL—.

Para terminar, me gusta recordar a mis pacientes que el examen de glucosa en sangre es sólo una herramienta. El azúcar en sangre es sólo un número y no un reflejo de ti como persona. Si tienes días en que tu azúcar en sangre no se encuentra en sus límites deseables no significa que has fallado. Todos tienen malos días de vez en cuando. Tu meta es hacer lo mejor que puedas para disfrutar de buena salud.

> *La razón primaria por la que las personas responden al examen de la forma en que lo hacen es miedo. Y este miedo casi siempre está relacionado con la falta de información precisa acerca de la prueba de glucosa en sangre.*

Control. Esa palabra se menciona una y otra vez y por buenas razones. Si tienes diabetes, controlar tu nivel de azúcar en sangre (glucosa) es la acción individual más importante que puedes hacer para sentirte lo mejor posible y prevenir complicaciones a largo plazo.

Pero ¿cómo consigues el control? Las claves para el control de la diabetes incluyen cinco pasos básicos:

- Examinar tu glucosa en sangre
- Comer una dieta variada y saludable
- Mantenerte activo
- Mantener un peso saludable
- Usar la medicación apropiada, cuando sea necesario

Este capítulo se centra en la primera de estas conductas. El examen de la glucosa en sangre es esencial –es la única manera de saber si estás alcanzando tus metas de tratamiento–.

Si has sido diagnosticado de manera reciente como diabético, o tu tratamiento ha cambiado, el examen puede parecer abrumador al inicio. Puedes sentirte disgustado, molesto o temeroso por tener diabetes. Puedes estar ansioso respecto a la prueba –miedo que se mantendrá por toda tu vida, que será doloroso o molesto–. Estos sentimientos son normales.

Pero, mientras aprendes cómo medir tu glucosa en sangre y entiendes cómo examinarte de manera regular puede ayudarte, te sentirás más cómodo con el procedimiento y con mayor control de tu enfermedad.

Tu médico o un educador en diabetes pueden ayudarte a determinar el esquema de monitoreo que es correcto para ti.

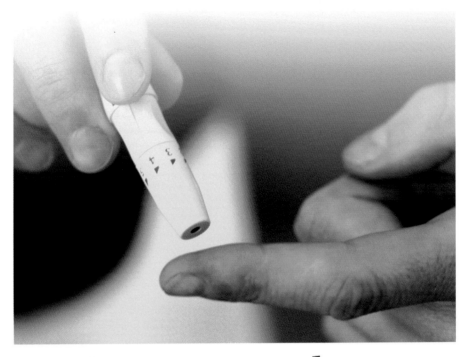

¿Qué tan a menudo y cuándo hacer la prueba?

Qué tan a menudo necesitas examinar tu glucosa en sangre y a qué hora del día depende del tipo de diabetes que tengas y de tu plan de tratamiento. Si te aplicas insulina, debes examinar tu glucosa en sangre con frecuencia, por lo menos dos veces al día. Tu médico debe aconsejarte el examen tres o cuatro veces al día o incluso más a menudo.

La prueba se realiza habitualmente antes de los alimentos y antes de acostarse –en otras palabras, cuando no has comido por cuatro horas o más–. Tu médico también puede aconsejarte revisar tu nivel de glucosa una o dos horas después de una comida. Generalmente es mejor examinar tu glucosa en sangre justo antes de la inyección de insulina.

Un cambio en tu rutina regular puede ser otra razón para examinar tu glucosa en sangre, de manera especial si tienes diabetes tipo 1. Esto puede incluir ejercitarse más de lo normal, comer menos de lo habitual o viajar. Circunstancias especiales, que incluyen embarazo o enfermedad, también pueden requerir exámenes más frecuentes.

Si tienes diabetes tipo 2 y no necesitas insulina, examina tu glucosa en sangre tan a menudo como sea necesario para asegurarte de que está bajo control. Para algunas personas esto puede significar examinarse a diario, mientras que para otras puede ser dos veces a la semana.

En general, si eres capaz de controlar tu glucosa en sangre con dieta y ejercicio, y sin utilizar medicamentos, probablemente no necesitarás examinar tu glucosa en sangre tan a menudo. Sin embargo, todavía es importante que lleves la cuenta de los niveles de azúcar en tu sangre.

1. Lanceta
2. Tapa para piquete en el dedo
3. Tapa para piquete en sitios alternos
4. Glucómetro de sangre
5. Dispositivo para las lancetas
6. Contenedor de cintas reactivas
7. Cinta reactiva

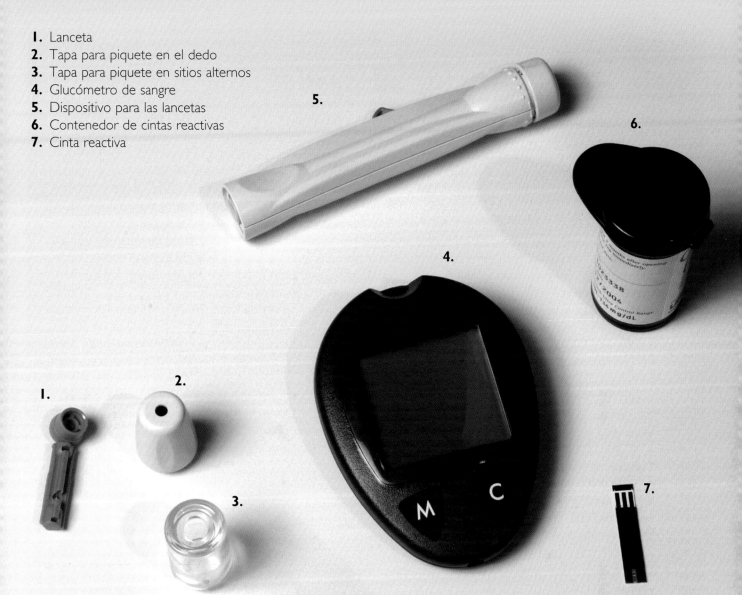

Lo que necesitarás

Examinar tu azúcar en sangre es un procedimiento rápido y fácil que generalmente toma menos de dos minutos. Algunas herramientas que necesitarás incluyen:

Lanceta y dispositivo de aplicación

Una lanceta es una pequeña aguja que pica la piel de tu dedo para que pueda drenar una gota de sangre. El dispositivo para el piquete sostiene la lanceta. Los dispositivos para piquete que cargan la lanceta en general son menos dolorosos que los otros tipos. Debido a que el grosor de la piel es diferente en las personas, es usual que las lancetas puedan ser reguladas para picar a diferentes profundidades.

Cintas reactivas

Las cintas reactivas están tratadas químicamente —colocas sangre de tu dedo (o de otro sitio) sobre estas cintas—. Si tienes un glucómetro de sangre más moderno, primero introducirás la cinta en el dispositivo antes de obtener la sangre. Con modelos más antiguos, la cinta es insertada después de que la sangre fue aplicada en ella.

Glucómetro de sangre

Un glucómetro de sangre, también llamado monitor de glucosa en sangre, es un dispositivo pequeño y computarizado que mide y muestra en pantalla tu nivel de glucosa en sangre.

Elección del medidor adecuado

Los medidores de glucosa en sangre vienen en muchas presentaciones con una variedad de características. Pero ¿cómo puedes saber cuál dispositivo es el correcto para ti? Tu educador en diabetes o médico pueden recomendarte un medidor o ayudarte a seleccionar uno. Ten en mente que algunos planes de salud solicitan a sus participantes utilizar medidores específicos. Cuando elijas un medidor, considera estos factores:

Costo. La mayoría de los planes de seguro y Medicare cubren el costo de un glucómetro de sangre y cintas reactivas (después de que tú pagas tu deducible y cualquier coaseguro). Investiga qué cubre tu seguro antes de comprar. Algunos planes limitan el número total de cintas reactivas permitidas. Los medidores varían ampliamente en precio, por lo que observa antes de comprar. Las cintas reactivas son la parte más costosa del examen porque se usan muy a menudo. Las cintas que están empacadas individualmente tienden a costar más, pero podrías no utilizar todas las cintas de un contenedor antes de la fecha de caducidad o en el número requerido de días después de abrir el contenedor. Averigua qué tipo de cinta tiene mejor costo-efectividad para ti.

Facilidad de uso y mantenimiento. Algunos medidores son más fáciles de usar que otros. ¿El medidor y las cintas son cómodos para sostener? ¿Fácilmente puedes ver los números en la pantalla? ¿Qué tan fácil es colocar sangre sobre la cinta? ¿Requiere una gota de sangre grande o pequeña? Investiga cómo se calibra el medidor, cómo colocar o codificar las cintas reactivas. ¿Qué tan a menudo tendrás que recalibrar el medidor? ¿Con qué frecuencia debes cambiar las pilas?

Características especiales. Pregunta acerca de las características para ver cuál cubre tus necesidades específicas. Por ejemplo, algunos medidores son grandes con cintas que son fáciles de manejar. Algunos son compactos y más fáciles de cargar. Las personas con discapacidad visual pueden comprar un medidor con pantalla grande o uno "parlante" que anuncia el resultado. Para niños hay medidores con colores que dan lecturas rápidas.

Considera también cómo el medidor almacena y recupera información. Algunos pueden anotar toda la información que normalmente escribirías en un registro, como hora y fecha de la prueba, el resultado y tendencias en el tiempo. Incluso puedes bajar esta información a tu computadora para guiar el manejo de tu diabetes.

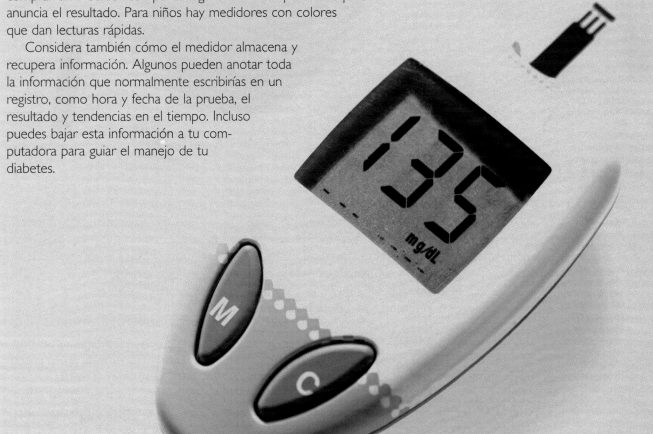

La realización de la prueba

Sigue las instrucciones que vienen con tu glucómetro. De manera general, he aquí en qué consiste el proceso:

- Antes de picar tu dedo, lava tus manos con jabón y agua tibia. Después sécalas bien.
- Saca una cinta reactiva del contenedor y tápalo de inmediato para evitar daño a las cintas.
- Inserta la cinta reactiva en el medidor.
- Coloca la punta de la lanceta sobre tu dedo. Pica un lado de tu dedo, no la yema; de esa manera no tendrás áreas sensibles en la parte de tu dedo que más utilizas.
- Aprieta tu mano hacia abajo para facilitar que se forme una gota de sangre. Cuando tengas una gota de sangre, de manera cuidadosa toca la cinta reactiva con la sangre (evita tocar con tu piel la cinta reactiva) y espera la lectura.
- En pocos segundos, el medidor mostrará en la pantalla tu nivel de glucosa en sangre.

Los extremos de tus dedos tienen una gran cantidad de terminaciones nerviosas, por lo que debes asegurarte de rotar los sitios donde picas tus dedos.

Si tienes un nuevo glucómetro, tendrás la opción de examinar tu glucosa en sangre en otros sitios. Pero antes comenta con tu médico o educador en diabetes si las pruebas en sitios alternos son apropiadas en tu caso.

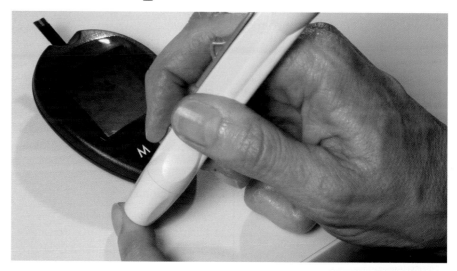

Avances de los instrumentos de medición

Aunque el piquete del dedo continúa siendo la prueba ideal para monitorear azúcar en sangre, los investigadores han creado productos diseñados para mantener el "ay" fuera del proceso. Puedes preguntar a tu médico acerca de estas alternativas potenciales.

Dispositivo	Cómo funciona	Consideraciones
Monitor de sitios alternos	Un monitor de sitios alternos te permite tomar muestras de sangre de áreas que probablemente son menos dolorosas que tu dedo, como tu brazo, abdomen o muslo.	Las muestras de sangre de sitios alternos no son tan precisas como las muestras del dedo cuando tu nivel de azúcar en sangre aumenta o disminuye rápidamente.
Monitor de luz infrarroja	Un monitor de luz infrarroja utiliza un haz de luz que penetra la piel y mide tu nivel de azúcar en sangre.	Las variaciones en la tensión arterial, temperatura corporal y otros factores pueden afectar la precisión de las lecturas en sangre con monitores de luz infrarroja. Puedes medir tu azúcar en sangre periódicamente con un monitor tradicional para confirmar las lecturas de azúcar en la sangre.
Pruebas en piel	Un dispositivo de prueba en piel, utilizado como un reloj de pulso, utiliza pequeñas corrientes eléctricas que de manera repetida llevan pequeñas cantidades de líquido de tu piel hacia un censor especial. Una alarma puede sonar si tu nivel de azúcar en sangre es muy bajo o muy alto.	Es posible que el dispositivo irrite tu piel, y no es efectivo si sudas demasiado. Puede que necesites revisar periódicamente tu nivel de azúcar en sangre con un monitor tradicional para confirmar las lecturas de azúcar en sangre.
Prueba continua de glucosa	Un dispositivo para probar la glucosa de manera continua utiliza un censor colocado debajo de tu piel para medir tu nivel de azúcar en sangre. Cada lectura es transmitida a un pequeño instrumento de registro colocado en tu cuerpo. Una alarma puede sonar si tu nivel de azúcar en sangre es muy bajo o muy alto.	El censor es caro —el costo típico se encuentra entre 1 000 y 2 000 dólares— y debe ser removido cada pocos días. Puede que necesites revisar periódicamente tu nivel de azúcar en sangre con un monitor tradicional para confirmar las lecturas de azúcar en sangre.

Registro de tus resultados

Más que sólo proveer una medición inmediata de tu glucosa en sangre, el examen de azúcar en sangre puede ayudarte a evaluar tu progreso en el cuidado de tu diabetes.

Cada vez que realices una prueba de sangre, anota tus resultados. Esta información te ayuda a ver de qué manera la alimentación, actividad física, medicamentos y otros factores afectan tu glucosa en sangre. A medida que observas patrones, puedes empezar a entender cómo tu actividad diaria afecta tu nivel de azúcar en sangre. Esto te coloca en mejor posición para cuidar tu diabetes día tras día e incluso hora tras hora.

Tu vida no es la misma de un día para otro. Algunos días te ejercitas más o comes menos. Tal vez estés enfermo o tengas problemas en el trabajo o en casa. Cambios como estos pueden afectar la cantidad de glucosa en tu sangre.

Al mantener un registro preciso de lo acontecido día tras día y de tus medidas de glucosa en sangre, puedes identificar algunas áreas problemáticas para ti; al ocuparte de estas áreas, estarás mejor capacitado para mantener un buen control de glucosa en sangre.

Con la información que obtengas, puedes incluso aprender cómo anticipar problemas antes de que se presenten. Puedes planear por adelantado cambios en tu rutina que sabes que afectarán tus niveles de glucosa en sangre. Esto puede incluir actividades como viajar, comer fuera o ejercitarte más fuerte que lo habitual.

Qué anotar

Un educador en diabetes o tu médico pudieron haberte dado una libreta de registro para anotar los resultados de tus pruebas. De no ser así, puedes utilizar cualquier tipo de libreta. También puedes guardar tus resultados en una computadora. Muchos programas de computadora estás disponibles para registrar y anotar niveles de glucosa en sangre –pregunta a tu equipo de salud cuál te recomienda–.

Cada vez que revises tu glucosa en sangre registra:
- Fecha y hora
- Resultado de la prueba
- Tipo y dosis de medicamento que estás tomando

También incluye información que pueda ayudar a explicar un cambio de tu nivel normal de glucosa en sangre, como:
- Cambio en tu dieta (por ejemplo, cena de cumpleaños, comer en un restaurante o comer más de lo habitual)
- Cambio en tu ejercicio o en tu nivel de actividad
- Emociones poco comunes o estrés
- Enfermedad
- Reacción a la insulina

Lleva tu libreta de registro contigo cuando veas a tu médico, educador en diabetes o dietista. Él o ella pueden ayudarte a interpretar los resultados. Con base en la información que tú anotas, tu doctor puede recomendarte cambios en tu medicación y discutir tu dieta, nivel de actividad física y otros temas de tu estilo de vida. Entre más completos sean tus registros, su utilidad será mayor.

Ten cuidado con el juego de los números

Cuando estás examinando y registrando tu glucosa en sangre de manera frecuente, es fácil quedar atrapado en el juego de los números. Los números correctos son iguales a éxito, mientras que los números equivocados representan falla. Puedes terminar con sentimientos de molestia, confusión, enojo, frustración o desaliento acerca de los resultados de tu glucosa en sangre. También es fácil convertirse en obsesivo acerca de la prueba y de sus resultados. Si tú ya eres perfeccionista u obsesivo, puedes sobrepasarte con todos los números y registros guardados e involucrados en el examen de tu glucosa en sangre. No hay nada mágico respecto a estos números. Son una herramienta para ayudarte a conocer qué tan bien está trabajando tu plan de tratamiento. Tus resultados pueden indicar si necesitas hacer cambios en tu tratamiento. No importa qué tan bien estés cumpliendo con tu plan o con cuánto esfuerzo lo intentes, tus lecturas de glucosa en sangre no serán perfectas cada vez. Algunas veces las "malas lecturas" suceden sin razón aparente.

Cómo mantenerte dentro de tus límites

Al revisar y registrar tu glucosa en sangre, quieres que tu azúcar en sangre se mantenga dentro de límites deseables –no muy alta o muy baja–. Este límite es a menudo referido como tu límite objetivo o tu meta de glucosa en sangre.

El límite normal para una cifra de glucosa en sangre en ayuno es de 70 a 100 miligramos de glucosa por decilitro de sangre (mg/dL). Idealmente, esa es la cantidad de glucosa en sangre que quieres conservar antes de los alimentos.

Pero eso no es realista para la mayoría de las personas con diabetes. En cambio, debes enfocarte en un límite que esté cerca del normal. Tu médico te ayudará a determinar tus metas de glucosa en sangre.

Debido a que la glucosa en sangre se eleva de manera natural después de una comida, tu meta después de las comidas será diferente de aquella antes de los alimentos. Tu meta antes de acostarte también puede ser diferente de aquella durante el día.

Al determinar tus metas, tu médico toma en cuenta diversos factores, incluyendo tu edad, si tienes complicaciones relacionadas con la diabetes u otras condiciones médicas, y qué tan bueno eres para reconocer cuando tu glucosa en sangre está baja.

Es importante reconocer los síntomas de glucosa en sangre baja (hipoglucemia) porque, si tu glucosa en sangre cae muy bajo, puedes perder la conciencia o presentar una convulsión.

Estas son las metas de azúcar en sangre que los adultos con diabetes generalmente desean obtener:

- *Antes de los alimentos:* 90 a 130 mg/dL
- *Cerca de una o dos horas después de la comida:* menos de 180 mg/dL
- *Antes de acostarse:* 110 a 150 mg/dL

Tus metas pueden ser diferentes, en especial si tienes complicaciones, estás embarazada o eres mayor de edad –por lo que siempre debes seguir el consejo de tu médico–.

Solución de problemas

Los glucómetros son en general precisos y exactos. Es más probable que el error humano produzca una lectura inexacta a que la máquina no funcione correctamente.

Si crees que algo no está bien con tus lecturas, inicia con lo básico.

Revisa tus cintas reactivas

Tira las cintas dañadas o caducas.

Revisa el medidor

Asegúrate de que el medidor está a la temperatura ambiente, y de que el sitio donde se coloca la cinta y la ventana de la prueba están limpias. Cambia las pilas del medidor si fuera necesario.

Para revisar tu medidor y tu habilidad para la prueba, lleva contigo el dispositivo cuando visites a tu médico o tengas una cita en el laboratorio. Tu médico o educador en diabetes pueden hacer que tú determines tu glucosa en sangre en el mismo momento en que te toman muestras de sangre para pruebas de laboratorio. De esa forma tú puedes comparar la lectura que obtienes con los resultados de laboratorio.

Revisa la escala de medición (calibración)

Algunos medidores deben estar calibrados para cada contenedor de cintas reactivas. Asegúrate de que el número de código en el dispositivo coincida con el número de código del contenedor de las cintas reactivas.

Los resultados de tu medidor no deben variar más de 15 por ciento. Además, una vez a la semana haz una prueba de control de calidad de tu equipo y de la técnica. También es buena idea hacer la prueba cuando empiezas un nuevo contenedor de cintas reactivas, calibraste el medidor o cambiaste las pilas.

Para realizar una prueba de control de calidad sigue tu procedimiento normal de prueba en sangre, pero utiliza una solución líquida de control en vez de sangre. Estas soluciones se pueden obtener en la mayoría de las farmacias y vienen en tres niveles: alto, normal o bajo. Pregunta a tu educador en diabetes cuál solución utilizar.

Revisa tu técnica

Lava tus manos con jabón y agua antes de picar tu dedo. Aplica una gota generosa de sangre en la cinta reactiva. No agregues más sangre a la cinta reactiva después de que aplicaste la primera gota.

Revisa otros problemas

Otros problemas que pueden derivar en una lectura inexacta incluyen:

- Sangre insuficiente aplicada a la cinta reactiva
- Agregar más sangre a la cinta reactiva después de que fue aplicada la primera gota
- Alcohol, polvo u otras sustancias en tu dedo o sitio alterno
- Medidor que no está a la temperatura ambiente
- Medidor dañado

Después de que hayas corregido los problemas potenciales, repite la prueba de control. Si los resultados son inaceptables todavía, habla con tu educador en diabetes o llama al fabricante del medidor para solicitar ayuda.

Superación de obstáculos

A pesar de sus ventajas, muchas personas con diabetes no revisan su glucosa en sangre tan a menudo como deberían –o nunca lo hacen–.

Aquí tenemos algunas razones comunes del porqué, junto con algunas sugerencias de solución.

Costo

Muchas compañías proveedoras de artículos para diabetes los ofrecen a bajo costo. Además, muchas compañías de medicamentos para diabetes tienen programas de asistencia para pacientes. Si el costo es un factor para ti, platica con tu médico o educador en diabetes y pregunta si hay un programa local o nacional que pueda ayudar a disminuir tus gastos.

Acceso limitado a cuidado de la salud

Si es problemático acudir a un centro médico, consulta con tu departamento de salud local, estatal o nacional la forma de obtener servicios para el cuidado de la salud.

Falta de información y malas percepciones

Algunas personas simplemente no saben de los beneficios del examen de glucosa en sangre y creen que no hay nada que puedan hacer para mejorar su enfermedad. Una de las mejores armas para cuidar la diabetes es la educación. Aprende tanto como puedas acerca de tu enfermedad.

Miedo

Si te da miedo la incomodidad de picar tu dedo, mantén en mente que las lancetas más nuevas son menos dolorosas.

Temas del estilo de vida

Incluso con horarios de trabajo no convencionales o frenéticos, tú puedes encontrar formas para establecer el monitoreo en tu rutina diaria. Tu médico o educador en diabetes pueden ayudar con esto.

Temas de privacidad

La realización de la prueba es rápida y los monitores son portátiles. Tú eres capaz de encontrar un lugar privado, como el baño, para realizar tu prueba. Pero si tienes que revisar tu glucosa en sangre en público, recuerda que millones de personas lo hacen todos los días.

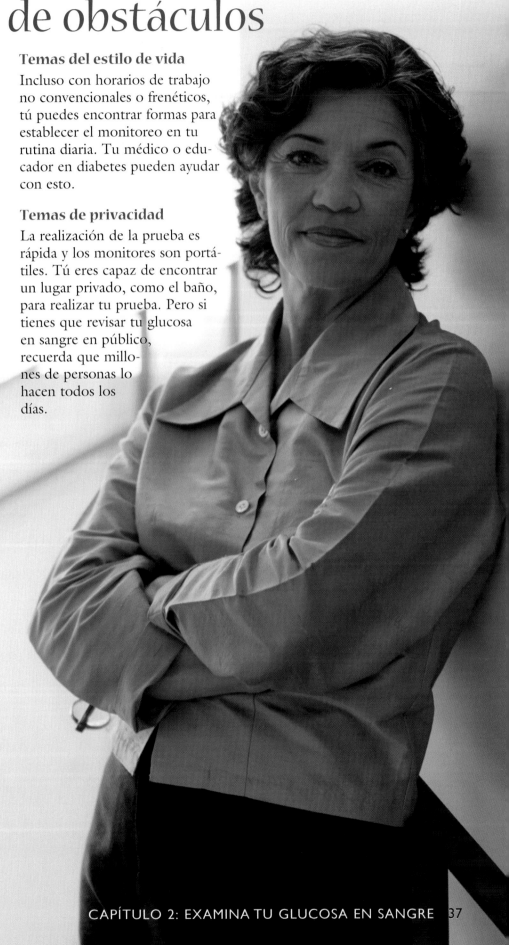

Capítulo 3
Desarrolla un plan de alimentación saludable

No hay dieta para diabéticos   40

¿Qué es alimentación saludable?   41

La verdad sobre el azúcar   44

Planea tus comidas   46

Vigila el tamaño de tus raciones   48

¿Qué es la cuenta de carbohidratos?   50

Uso de listas de intercambio   52

Mantener la motivación   54

Recetas para la buena salud   55

Jennifer Nelson, R.D.
Dietista

> « *Debido a que lo que comes afecta principalmente al azúcar en la sangre, comer una variedad de alimentos sanos en horarios regulares, y en cantidades regulares, ayuda a controlar tu azúcar en la sangre.* »

En términos simples, las personas con diabetes necesitan desarrollar una rutina con su alimentación. Debido a que lo que comes afecta principalmente al azúcar en la sangre, comer una variedad de alimentos sanos en horarios regulares, y en cantidades regulares, ayuda a regular tu azúcar en la sangre. Si tomas medicamentos para la diabetes, horarios regulares y cantidades regulares de alimentos diversos también ayudan a obtener lo máximo de las menores cantidades de medicamentos. Debido a que la gente con diabetes está en riesgo de –o ya tiene– hipertensión arterial o grasas en sangre elevadas, también tiene sentido elegir alimentos que son saludables para el corazón (magros, bajos en grasas) y aquellos que son bajos en sal.

No necesitas alimentos especiales, y tus alimentos no necesitan ser complicados. Aquí presentamos cuatro pasos que puedes seguir para "afinar" tu dieta y tomar control del azúcar en la sangre –sin que la dieta te controle–.

1. Come tres alimentos en horarios regulares. Esto debe incluir desayuno, comida y cena. Mantener un horario de comida establece una estructura de tiempo para consumir tus alimentos. Ayuda a asegurar que no comas demasiado –o muy poco– a lo largo de tu día. ¿Por qué esto es tan importante? Tu cuerpo está mejor capacitado para utilizar la insulina que produces –o te aplicas como medicamento–. Saltarse comidas o comer en horarios irregulares produce niveles de glucosa en sangre no saludables, altos o bajos.

2. Come los alimentos más sanos. Todos sabemos cuáles son. Verduras, frutas y alimentos con almidón (granos enteros, frijoles, chícharos y lentejas) deberían ser la base de tu dieta. Elige porciones más pequeñas de carne magra (incluidos aves y pescado) derivados lácteos con bajo contenido de grasas. ¿Por qué? Una dieta saludable con base en alimentos con almidón y granos enteros, verduras y frutas te satisface, te ayuda a alcanzar un peso saludable y evita riesgos de complicaciones de la diabetes. Estos grupos de alimentos también contienen fibra, la cual modula de qué manera tu cuerpo digiere, absorbe y convierte estos alimentos en azúcar. Tu cuerpo necesita algunos carbohidratos en la forma de verduras, frutas, alimentos con almidón –y alguna cantidad de derivados lácteos con bajo contenido de grasas– como fuente de azúcar en la sangre y para la salud en general. Cuando miras tu plato, las verduras deben llenar la mitad de él, y los alimentos con almidón (como granos enteros, frijoles, chícharos y lentejas) deben llenar un cuarto del plato. Carne magra, pollo o pescado deben llenar el cuarto de plato restante.

3. Alcanza o mantén un peso saludable. Los estudios han mostrado que perder tan poco como 10% de tu peso actual puede tener un efecto significativo en el azúcar en la sangre, así como en las grasas de la sangre (colesterol de la sangre) y en la tensión arterial. Si comes tres alimentos en horarios regulares, con cantidades regulares de alimentos saludables, mantendrás tu apetito, tu cintura y el azúcar en la sangre en buen control.

4. Obtén ayuda. La evidencia muestra que los mejores programas para manejar tu diabetes incluyen educación, consejo, dieta y planes de ejercicio individualizados, y contacto frecuente para seguimiento. Un equipo de expertos en diabetes está disponible para ayudarte. Estos profesionales pueden ayudarte a realizar cambios pequeños, paso a paso, en tus patrones de alimentación, ejercicio y actitudes que pueden ayudarte hacia un nuevo y más saludable estilo de vida.

¿Las palabras *alimentación saludable* te producen una sensación de miedo? Algunas personas pueden pensar, "¡Oh no, nunca volveré a comer mis platillos favoritos otra vez!". Pero una alimentación saludable no se refiere a privación o negación. Significa disfrutar una gran nutrición así como un gran sabor.

Una alimentación saludable puede significar actualizar tus menús habituales con alimentos deliciosos que no habías probado antes y experimentar con recetas para hacerlos sabrosos así como nutritivos. Una dieta saludable es la clave para una vida saludable, en especial si tienes diabetes o estás en riesgo de padecerla.

No hay dieta para diabéticos

Contrario al mito popular, tener diabetes no significa que tengas que empezar a comer alimentos especiales o seguir un complicado plan dietético. Para la mayoría de las personas, tener diabetes simplemente se traduce en comer una variedad de alimentos en cantidades moderadas y apegarse a horarios de alimentación regulares.

Esto significa elegir una dieta que incluya vegetales, frutas, granos enteros, y porciones más pequeñas de alimentos de origen animal magros o de bajo contenido graso, como cortes de carne magra y derivados lácteos bajos en grasa. Esta clase de dieta es naturalmente rica en nutrientes y baja en grasas y calorías. Es el mismo plan alimenticio que todos los estadounidenses deberían seguir.

Dependiendo de tu nivel de azúcar (glucosa) en sangre, si necesitas perder peso y si tienes otros problemas de salud, puedes necesitar diseñar tu dieta de tal manera que cubra tus necesidades personales. Pero, aunque los detalles puedan diferir, lo básico permanece igual. Cada día es necesario que comas una variedad de alimentos para alcanzar el equilibrio correcto de los tres nutrientes claves: carbohidratos, proteínas y grasas.

¿Qué es alimentación saludable?

Si tú piensas que comer bien significa contar calorías o calcular gramos de grasa, es tiempo de pensar en la comida de una manera diferente. Comer bien significa disfrutar de un gran sabor así como de una gran nutrición.

Debido a que tu cuerpo es una máquina compleja, necesita una variedad de alimentos para alcanzar una mezcla equilibrada de energía. Una dieta que incluya una variedad de verduras, frutas y granos enteros constituye una dieta que provee un aporte rico de nutrientes, fibra y otras sustancias asociadas con mejor salud.

Además, una variedad de alimentos te presentan muchas texturas y sabores que incrementan el placer de comer.

Al aprender más acerca de cómo tu cuerpo utiliza los diferentes nutrientes que aporta la comida, entenderás mejor cómo comer bien afecta a la diabetes y a tu salud en general.

Cada día es aconsejable comer una variedad de alimentos que logren el equilibrio correcto de los tres nutrientes claves: carbohidratos, proteínas y grasas.

Carbohidratos: la base

Los carbohidratos son la principal fuente de energía de tu cuerpo. Durante la digestión, todos los carbohidratos, excepto la fibra, se desdoblan en glucosa sanguínea. Tu cerebro, por ejemplo, utiliza glucosa como su fuente primaria de combustible. Existen tres categorías principales de carbohidratos (véase "principales tipos de carbohidratos" en la página 42).

Cerca de la mitad de tus calorías diarias debe provenir de los carbohidratos. El número de raciones depende de tus necesidades calóricas –pregunta a tu médico o dietista qué es lo mejor para ti–. Las recomendaciones generales diarias para todos los adultos, con base en los Lineamientos Dietéticos para Estadounidenses 2005, incluyen:

- 170 gramos de granos –por lo menos la mitad provenientes de granos enteros (p. ej., 28 gramos equivalen a una rebanada de pan integral o media taza de arroz integral)–
- Por lo menos dos y media tazas de verduras
- Por lo menos dos tazas de fruta
- Tres tazas de productos lácteos bajos en grasa o sin grasa

Para ayudar al control de tu nivel de glucosa, come aproximadamente la misma cantidad de carbohidratos diarios, espaciados a través del día.

Objetivo para tres nutrientes clave

Nutriente	Objetivo	Número de gramos*
Carbohidratos	45 a 65% de calorías diarias	225 a 325 gramos (g)
Proteínas	15 a 20% de calorías diarias	75 a 100 gramos (28 g de comida con proteínas contienen aproximadamente 7 g)
Grasas	20 a 35% de calorías diarias, pero menos de 7% de grasa saturada y menos de 1% de grasa trans	44 a 78 gramos (menos de 16 gramos de grasa saturada y menos de 2 gramos de grasa trans)

* Basado en una dieta de 2 000 calorías para adultos. Las recomendaciones varían si tienes una dieta alta o baja en calorías o si tienes ciertas condiciones de salud, por lo que consulta con tu doctor para que te aconseje.

Basado en los Lineamientos Dietéticos para Estadounidenses, 2005

Proteínas: el bloque para construir

Tu cuerpo utiliza proteínas para el crecimiento y mantenimiento de tus músculos y órganos. Los alimentos ricos en proteínas incluyen carne, aves, huevos, queso, pescado, leguminosas y mantequilla de cacahuate. Si comes más proteínas de las que necesitas –lo que mucha gente hace–, tu cuerpo almacena las calorías extras derivadas de las proteínas en forma de grasa.

Para la mayoría de las personas, una dieta saludable incluye 15 a 20% de sus calorías diarias de las proteínas. Por ejemplo, si tienes una dieta de 2 000 calorías, eso significa 75 a 100 gramos (g) de proteínas al día, como:

- De 85 a 142 gramos de aves, pescado o carne magra (20 a 35 g de proteínas)
- Tres raciones de productos lácteos sin grasa (24 g de proteínas)
- Almidones comunes y vegetales para lo que falta

Selecciona proteínas que son bajas en grasa, como pescado, aves sin piel, carne magra y queso sin grasa o bajo en grasa. Seas o no vegetariano, las proteínas de origen vegetal, como leguminosas (frijoles, chícharos secos y lentejas) y productos hechos con soja (miso, tempeh, tofu, leche de soja y queso de soja) pueden reemplazar a la carne y derivados lácteos. Estos alimentos también son bajos en grasas y colesterol. Considera esto como una oportunidad para intentar algo nuevo.

Principales tipos de carbohidratos

Categoría	Incluye
Azúcares (también llamados carbohidratos simples)	**Azúcares naturales:** se encuentran en alimentos como frutas, leche, derivados lácteos (p. ej., queso y yogurt) –cuando elijas productos lácteos, concéntrate en los bajos en grasa y sin grasa–.
	Azúcares agregados: agregados a alimentos como postres y caramelos; incluye azúcar de mesa, miel, jalea, jarabes y otros dulces procesados –generalmente estos alimentos son ricos en calorías con poco valor nutricional–.
Almidones (también llamados carbohidratos complejos)	**Leguminosas:** frijoles, chícharos y lentejas, por ejemplo.
	Verduras con almidón: papas, calabaza, maíz y otros.
	Granos: trigo, avena, cebada, arroz y centeno –para la salud del corazón y otros beneficios, concéntrate en granos integrales, encontrados en productos como pan de grano integral, cereal de trigo integral, hojuelas de avena, arroz integral, arroz silvestre y pasta de trigo integral–.
Fibra	**Fibra soluble:** fuentes como avena no procesada (no refinada), cebada, y muchas frutas y verduras –comer grandes cantidades de fibra soluble ayuda a hacer lento el ascenso de glucosa en la sangre y ayuda a disminuir el colesterol–.
	Fibras insolubles: fuentes como salvado de trigo y cáscara de frutas y verduras –las fibras insolubles agregan volumen y ayudan a la digestión–.

Grasas: las calorías pesadas

Las grasas son la fuente más concentrada de energía de los alimentos, y proveen una gran cantidad de calorías pero son poco nutritivas. Aun así, necesitas algo de grasa en tu dieta. Una pequeña cantidad de ciertas grasas es esencial para la vida y la función de tus células.

Es cuando comes demasiada grasa –y de la clase equivocada– que pueden presentarse problemas de salud. No todas las grasas son iguales. Además son ricas en calorías, por lo que es importante limitar el consumo total de grasa para ayudar a controlar tu peso, azúcar en sangre y colesterol en sangre.

Para limitar la cantidad de grasa que comes, sigue los siguientes consejos:

- Compra cortes de carne magra y recorta el exceso de grasa. También come porciones más pequeñas.
- Quita la piel de las aves antes de cocinarlas.
- Marina la carne y utiliza hierbas y especias para mantenerlas tiernas, jugosas y darles sabor.
- Evita alimentos fritos. A cambio, prepara la carne y los vegetales al horno, al vapor, a la parrilla o asados.
- Elige derivados lácteos, aderezos de ensalada y productos para untar sin grasas o con bajo contenido de grasas
- Utiliza aceite de oliva o de canola (en pequeñas cantidades) para cocinar y para ensaladas.
- Sazona con limón, lima o hierbas más que con mantequilla o aceite.
- Reemplaza parte de la manteca vegetal en productos de panadería por puré de manzana o de ciruela.

Grasas: la buena y la mala

Cuando leas las etiquetas, busca productos que contengan grasas monoinsaturadas con pocas o ninguna grasas saturadas y trans. Recuerda que todas las grasas son ricas en calorías.

Grasas monoinsaturadas ("grasas buenas") ayudan a disminuir el colesterol total y el de lipoproteínas de baja densidad (LDL o "malo") y son más resistentes a la oxidación. La oxidación promueve la absorción de grasas y colesterol en las paredes de las arterias, acelerando la construcción de placas arteriales. Se encuentra principalmente en: aceites de oliva, canola y cacahuate, así como en la mayoría de nueces y en aguacates.

Grasas poliinsaturadas ayudan a disminuir el colesterol total y el LDL, pero estas grasas también parecen susceptibles al dañino proceso de oxidación. Se encuentran principalmente en: aceites vegetales como de cártamo, maíz, girasol, soja y semilla de algodón.

Grasas saturadas elevan el colesterol total y el LDL, incrementando tu riesgo de enfermedad cardiaca. Se encuentran principalmente en: carne roja, la mayoría de los productos lácteos enteros (incluida mantequilla), yema de huevo, chocolate (mantequilla de cacao), así como aceite de coco y palmera y otros aceites tropicales.

Grasas trans, también llamadas aceite vegetal hidrogenado o parcialmente hidrogenado, elevan el colesterol LDL y aumentan tu riesgo de enfermedad del corazón. Se encuentran principalmente en: margarina en barra y productos derivados de ella –galletas, pastas, otros productos horneados, la mayoría de las galletas, dulces, botanas y papas fritas–.

La verdad sobre el azúcar

Durante años, las personas con diabetes fueron advertidas sobre evitar dulces. Pero, desde que los investigadores conocen mejor a la diabetes, la nutrición ha cambiado –y también la advertencia sobre los dulces–.

Alguna vez se asumió que la miel, los caramelos y otros dulces elevaban tu azúcar en la sangre más rápido y más alto que las frutas, verduras o alimentos que contenían carbohidratos complejos. Pero muchos estudios han mostrado que no es verdad, mientras los dulces sean comidos con un alimento y equilibrados con otros alimentos en tu plan alimenticio. Aunque diferentes tipos de dulces pueden afectar tu azúcar en sangre de manera diferente, lo que más cuenta es la cantidad total de carbohidratos.

Desde luego, es todavía mejor considerar a los dulces sólo como una pequeña parte de tu dieta completa. Los caramelos, galletas y otros dulces tienen poco valor nutricional y a menudo son ricos en grasas y calorías. Obtendrás calorías sin los nutrientes esenciales que se encuentran en los alimentos más sanos.

Ten tu pastel y cómetelo también

Los dulces cuentan como carbohidratos en tu plan alimenticio. El truco está en sustituir pequeñas porciones de dulces por otros carbohidratos –como pan, tortillas, arroz, galletas saladas, cereal, fruta, leche o yogurt– en tus alimentos. Para permitir que los dulces formen parte de tu alimento, tienes dos opciones:

- Reemplaza algunos de los carbohidratos de tu comida por un dulce.

- Cambia una comida que contiene carbohidratos de tu alimentación por algo con menos carbohidratos.

Digamos que tu almuerzo típico es un sándwich de pavo con un vaso de leche desgrasada y una fruta fresca. Si quisieras dos galletas en tu almuerzo, busca la forma de conservar la misma cuenta total de carbohidratos en esa comida. Cambia tu pan habitual por pan bajo en calorías y con menos carbohidratos o come un sándwich abierto con sólo una rebanada de pan. Esto mantiene la misma cuenta total de carbohidratos.

Para asegurarte que estás haciendo buenos intercambios, lee con cuidado las etiquetas de los alimentos. Busca los carbohidratos totales en cada alimento, que te indican cuántos carbohidratos hay en una ración.

Considera sustitutos del azúcar

Los endulzantes artificiales ofrecen la dulzura del azúcar sin las calorías. Los endulzantes artificiales pueden ayudarte a reducir las calorías y el total de carbohidratos y a apegarte a tu plan de alimentación saludable –en especial cuando se usan en lugar de azúcar en el café y té, en el cereal o en masa para hornear–. De hecho, los endulzantes artificiales, por sí mismos, son considerados "alimentos libres" debido a que contienen muy pocas calorías y no incrementan el azúcar en la sangre de manera significativa.

Ejemplos de endulzantes artificiales incluyen:

- Acesulfame de potasio (Sweet One, Sunett)
- Aspartame (Equal, NutraSweet)
- Sacarina (SugarTwin, Sweet'N Low)
- Sucralosa (Splenda)

Pero los endulzantes artificiales no necesariamente ofrecen un pase libre para los dulces. Muchos productos hechos con endulzantes artificiales, como masa para hornear y yogurt endulzado artificialmente, todavía contienen calorías y carbohidratos que pueden afectar tu nivel de azúcar en la sangre.

Lo mismo sucede con el azúcar derivada del alcohol, otro tipo de endulzantes bajos en calorías a menudo utilizados en caramelos, goma de mascar y postres sin azúcar. Revisa las etiquetas de los productos y busca palabras como sorbitol, maltitol, manitol, xilitol y lactitol.

Aunque los azúcares derivados del alcohol son más bajos en calorías que el azúcar, los alimentos sin azúcar que contienen azúcar derivada del alcohol aún contienen calorías. Y en algunas personas, una cantidad tan pequeña como 20 a 50 gramos de azúcar derivada del alcohol puede producir diarrea, gas y distensión abdominal.

Un cambio en el sabor

No te sorprendas si tu percepción del sabor cambia al adoptar hábitos alimenticios más sanos. La comida que alguna vez te encantó puede parecer demasiado dulce, y los sustitutos saludables pueden convertirse en tu nuevo concepto de lo delicioso.

Diabetes y alcohol: ¿combinan?

Muchas personas con diabetes se preguntan si es correcto beber alcohol. El mejor consejo es preguntar a tu médico acerca de la ingesta apropiada de alcohol para tu situación específica. Si tienes problemas con el control de tu glucosa en sangre o si tienes niveles altos de triglicéridos –un tipo de grasa de la sangre– podrían aconsejarte evitar el alcohol. Pero una cantidad leve o moderada podría estar bien si tu diabetes está bien controlada y no interfiere con tus medicamentos.

De hecho, la ingestión moderada de alcohol ha sido relacionada con riesgo más bajo de enfermedad del corazón. Una cantidad moderada significa no más de dos copas diarias para hombres y una copa diaria para mujeres y cualquier persona mayor de 65 años o más. Una copa es igual a una lata de cerveza regular de 360 mililitros (aproximadamente 150 calorías), una copa de vino de 150 mililitros (aproximadamente 100 calorías) o una copa de 45 mililitros de licor fuerte (aproximadamente 100 calorías).

Siempre toma alcohol durante un alimento o con comida. Nunca tomes en lugar de un alimento o con el estómago vacío, por el riesgo de disminuir la glucosa en sangre. Recuerda, las bebidas altas en calorías (en especial bebidas mezcladas con refrescos y jugos) pueden elevar la glucosa en sangre y contribuir a ganar peso. Beber en exceso puede elevar tu tensión arterial y dañar tu hígado.

Planea tus comidas

Un plan de alimentación es simplemente una guía para comer que incluye dos puntos clave:

1. Ayuda a establecer una rutina para comer alimentos y botanas en tiempos regulares cada día.
2. Te guía a seleccionar los alimentos más sanos en las cantidades correctas en cada comida.

Cuando eres diagnosticado como diabético por primera vez, habla con tu médico o dietista acerca de tus hábitos de alimentación. Comer en horarios irregulares, comer demasiado o realizar malas elecciones en las comidas a menudo contribuye a elevar la glucosa de la sangre. Un médico o dietista puede ofrecerte consejos para mejorar tus hábitos alimenticios.

Algunas personas pueden necesitar seguir un plan más deliberado, comer sólo el número recomendado de raciones de cada grupo de alimentos cada día, con base en sus necesidades individuales de calorías. Según tu control de glucosa en sangre, tu médico puede querer que veas a una dietista que te ayude a mejorar tus hábitos alimenticios y mejorar el control de tu diabetes.

Trabaja con una dietista

Entender qué alimentos comer, qué tanto comer y de qué manera la elección de tus alimentos afecta la cantidad de glucosa en tu sangre puede ser una tarea compleja. Una dietista certificada puede ayudarte a que entiendas toda esta información y a que organices un plan que sea fácil de seguir y que concuerde con tus metas de salud, tus gustos, las tradiciones culturales de la familia y tu estilo de vida.

En la primera entrevista, tu dietista probablemente te preguntará acerca de tus antecedentes del peso y tus hábitos alimenticios –lo que te gusta comer, cuánto comes en general, así como cuándo y a qué hora del día tomas alimentos y botanas–.

Es probable que discutas tus metas de tratamiento de la diabetes, qué medicamentos tomas, alguna consideración especial de salud, tu nivel de actividad física, tu horario de trabajo y tus necesidades calóricas, y si estás tratando de bajar de peso.

Juntos tú y tu dietista descubrirán qué es práctico y posible para ti y qué no lo es. Después, ambos decidirán la mejor manera para que tu plan alimenticio ayude a controlar tu diabetes. Las herramientas más comunes para planear la alimentación son el conteo de carbohidratos y las listas de intercambio.

Consistencia es la clave

Si eres consistente en tus hábitos alimenticios, esto ayudará a controlar tu glucosa en sangre. Trata de comer todos los días:

• Aproximadamente a la misma hora
• El mismo número de comidas y cerca de la misma cantidad de comida

Apégate a tu plan alimenticio. Esto ayuda a asegurar que cada día comas alrededor del mismo porcentaje de carbohidratos, proteínas y grasas.

Es más difícil controlar tu glucosa en sangre si un día comes un gran almuerzo y al siguiente día uno pequeño. Y mientras más varíes la cantidad de carbohidratos que comes, más difícil es el control de tu nivel de glucosa en sangre.

Comer a intervalos regulares – alimentos y botanas planeados con intervalos de cuatro o cinco horas– reduce las variaciones grandes de glucosa en sangre y también permite la digestión y el metabolismo adecuado de la comida.

En busca de variedad

Busca como objetivo una amplia variedad de alimentos que te ayuden a conseguir tus metas nutricionales. Tu dietista puede ayudarte a planear un programa que incluya una variedad de alimentos saludables.

Esto no significa que debas buscar "alimentos dietéticos" inusuales. En cambio, concéntrate en comer más verduras, frutas, granos enteros, carne magra y derivados lácteos bajos en grasa. Y esto no significa que prepares alimentos que son complicados o costosos. Algunos de los más tentadores platillos del mundo están basados en los mejores productos de la estación, preparados de

manera simple para obtener los mejores sabores.

Las personas que regularmente disfrutan alimentos hechos con una variedad de ingredientes sanos no sólo reducen su riesgo de desarrollar diabetes o complicaciones de la enfermedad, también reducen su riesgo de adquirir muchas otras enfermedades incluidas las del corazón, muchas clases de cáncer, trastornos digestivos, pérdida de la visión relacionada con la edad, y osteoporosis.

Vigila el tamaño de tus raciones

Una ración no es la cantidad de comida que eliges para comer o la cantidad que está colocada en tu plato. Eso se llama una porción. Una ración es una cantidad específica de comida, definida por medidas estándar, como tazas, gramos o piezas.

Pon mucha atención al tamaño de las raciones. Con la tendencia hacia los tamaños gigantes, mega bufés y porciones grandes en los restaurantes, puede ser que no tengas una idea precisa de lo que es un tamaño de ración regular.

Al principio, el tamaño de las raciones puede parecer pequeño. Por ejemplo, tres tazas de palomitas de maíz (para microondas, bajas en grasa o preparadas sin agregar grasa) es una ración. Esta cantidad difícilmente la compras en el cine.

Tu capacidad para vigilar el número de raciones que comes en tus alimentos es clave para alcanzar tus metas nutricionales diarias.

Incluir todos los grupos de alimentos y medirlos correctamente puede parecer abrumador. ¡No te asustes! El tamaño de las raciones no es tan complejo como pudiera parecer. No necesitas memorizar la lista entera. Inicia con los alimentos que comes con más frecuencia. Te sorprenderás de que tan rápido retendrás este conocimiento. Sin embargo, toma algo de práctica.

Muy a menudo, una porción de comida contendrá diversas raciones de alimento de diferentes grupos. Una porción de pollo a la cacerola puede contener varias raciones de carbohidratos, proteínas y grasas. En tal caso, tu mejor estimación de las diferentes raciones con frecuencia es suficiente.

Con una mejor planeación de comidas y botanas, porciones más pequeñas de algunos alimentos te permiten disfrutar de una gran variedad y cantidades de otros alimentos. Y así tendrás mejor control de la glucosa.

Medir una ración

Comer de manera saludable es entender qué tanto de una comida en particular constituye una ración. Muchas personas imaginan las raciones más grandes de lo que son, y comen más de lo que deberían. Esta página te provee algunas guías visuales que te ayudarán a calcular en general el tamaño de las raciones.

Verduras	Guía visual
• 1 taza de brócoli	1 pelota de béisbol
• 2 tazas de hojas verdes crudas	2 pelotas de béisbol

Frutas	Guía visual
• ½ taza de fruta rebanada	Pelota de tenis
• 1 manzana pequeña o naranja mediana	

Carbohidratos	Guía visual
• ½ taza de pasta, arroz o cereal seco	
• ½ bagel	Disco de hockey
• 1 rebanada de pan integral	

Proteínas y derivados lácteos*	Guía visual
• 71 gramos de pollo o pescado	1 baraja
• 43 gramos de carne de res	½ baraja
• 57 gramos de queso bajo en grasa	4 dados

Grasas	Guía visual
• 1 ½ cucharadita de mantequilla de cacahuate	2 dados
• 1 cucharadita pequeña de mantequilla o margarina	1 dado

* Hay muchos tipos de herramientas para planear menús. El plan de la Pirámide de la Clínica Mayo agrupa carne y productos lácteos, mientras que la lista de intercambio para diabéticos de la Asociación Americana de Diabetes y la Asociación Americana de Dietética separa carnes y productos lácteos. El personal que cuida tu salud te ayudará a determinar qué tipo de plan será más efectivo para ti.

¿Qué es la cuenta de carbohidratos?

La cuenta de carbohidratos es un método para controlar la cantidad de carbohidratos que comes en tus alimentos y botanas. Esto es porque los carbohidratos tienen el mayor efecto en tu glucosa en sangre.

Es el equilibrio entre los carbohidratos que ingieres y la insulina lo que determina qué tanto se incrementan tus niveles de glucosa en sangre después de que comes. Con el equilibrio correcto de carbohidratos e insulina, tu glucosa en sangre habitualmente se mantendrá en tus límites deseados y prevendrá complicaciones de la diabetes.

Algunas personas con diabetes –en especial quienes toman medicamentos para la diabetes o se aplican insulina– utilizan la cuenta de carbohidratos como una herramienta para planear su alimentación. Cuentan la cantidad de carbohidratos en cada alimento o botana y ajustan su dosis de insulina a la cantidad de carbohidratos. Esto ayuda a evitar que su glucosa en sangre alcance niveles muy altos o muy bajos a través del día.

La cantidad de proteínas y grasas en la alimentación en general no se toma en consideración cuando se determina la dosis de insulina. Sin embargo, la cuenta de carbohidratos no significa que puedas extralimitarte en comidas que son bajas en carbohidratos o que no contienen ningún carbohidrato, como la carne y las grasas.

Muchas calorías y mucha grasa y colesterol a largo plazo incrementan tu riesgo de ganar peso, enfermedad cardiaca, evento vascular cerebral y otras enfermedades.

Si estás contando carbohidratos, sé consciente de que los términos *carbohidratos netos* en las etiquetas de los productos pueden ser engañosos. Estos términos de mercadotecnia no están aprobados por la Administración de Alimentos y Medicamentos (FDA, por sus siglas en inglés), por lo que si utilizas el número de carbohidratos netos de la etiqueta puedes no estar contando tus carbohidratos de manera precisa. Y si te aplicas insulina, podrías subestimar cuánto necesitas. Trabaja con tu dietista para aprender cómo contar carbohidratos apropiadamente y cubrir tus necesidades específicas.

Con la cuenta de carbohidratos, y con la diabetes en general, la consistencia es muy importante. Las grandes variaciones en tu ingesta de carbohidratos a través del día –como saltarse alimentos y después ingerir una gran comida– pueden producir que los niveles de glucosa en sangre sean muy altos o muy bajos.

También, no confundas la cuenta de carbohidratos con la terminología de la dieta de moda. Una dieta baja en carbohidratos no es lo mismo que contar carbohidratos.

 ¿El índice glucémico es otra buena herramienta para planear la alimentación?

El índice glucémico (IG) jerarquiza los alimentos que contienen carbohidratos con base en su efecto sobre los niveles de glucosa en sangre. Los alimentos con índice alto están asociados con mayores incrementos en la glucosa en sangre que los alimentos con índice bajo. Pero los alimentos con índice bajo no son necesariamente más sanos. Los alimentos ricos en grasa tienden a tener valores de IG más bajos que algunos alimentos sanos.

Utilizar el IG para planear la alimentación es un proceso muy complicado. Muchos factores afectan el valor IG de un alimento específico, como de qué manera fue preparada la comida y lo que te comes con ella. También, el valor IG de algunos alimentos es desconocido. Otra herramienta para planear la alimentación es la carga glucémica, que multiplica el IG de un alimento por la cantidad de carbohidratos totales en una ración. Por ejemplo, comer cantidades pequeñas de un alimento con carga glucémica alta puede tener menor efecto sobre la glucosa en sangre.

Platica con un dietista certificado si tienes preguntas. Actualmente no hay evidencia suficiente de beneficios que recomienden utilizar el IG como tu principal estrategia al planear la alimentación.

Cómo contar carbohidratos

Tú puedes pensar que contar carbohidratos suena como mucho trabajo. Tranquilo. No tienes que memorizar cuántos carbohidratos hay en un vaso de leche, una galleta o una hamburguesa. Puedes comprar libros que enlistan la cantidad de carbohidratos de miles de alimentos, y a la mayoría de los alimentos empacados se les pide anotar su cuenta de carbohidratos en la etiqueta.

Sin embargo, después de un tiempo probablemente sabrás mucho de memoria sobre las cantidades. Mientras tanto, aquí hay algunos pequeños consejos para iniciarte:

- Inicia con los datos nutricionales de las etiquetas que están en la mayoría de los alimentos empacados. La información más importante que necesitas para la cuenta de carbohidratos es "el tamaño de la ración" y "carbohidratos totales". Inicia con el tamaño de la ración, por ejemplo, una porción de guisado es igual una taza, y una taza de guisado contiene 22 gramos (g) de carbohidratos.
- Después, supón cuánto comerás probablemente. ¿Está cerca de una taza, o más probable de dos tazas? Después haz el cálculo. Dos tazas tienen 44 g de carbohidratos.
- Ahora piensa respecto a los otros alimentos que vas a comer con tu guisado. ¿Queso cheddar, crema o galletas saladas? También hay carbohidratos en estos alimentos. ¿Cuánto comerás y cuál es el total de carbohidratos?
- Si estás comiendo alimentos frescos que no vienen empacados, en general puedes obte-

ner la información de carbohidratos en libros o en Internet.

¿Qué hay respecto a las recetas?

Tú puedes estar pensando: "¿Qué hay respecto a las recetas? ¿Cómo cuento los carbohidratos en los alimentos hechos en casa? ¿Debo agregar las cantidades de carbohidratos de cada ingrediente por separado?".

Bueno, para algunos alimentos, esa puede ser la manera más fácil de hacerlo. Por ejemplo, toma un sándwich de ensalada de atún. Incluye dos rebanadas de pan, la mitad de una lata de atún y dos cucharadas de mayonesa. Revisa los tamaños de las raciones y la cuenta de carbohidratos del pan, el atún y la mayonesa. Júntalas y terminaste.

Querrás ser cuidadoso la primera vez que lo intentes. ¿Cuánto atún utilizaste? ¿Cuánta mayonesa? Puedes tener que medirlas. Pero después de un tiempo, serás capaz de calcular el tamaño de las raciones a simple vista.

Ahora, ¿qué hay acerca de alimentos más complicados, como la lasaña? Bueno, puedes conseguir libros que enlisten la cuenta de carbohidratos aproximada de alimentos hechos en casa. Esto sería un buen punto de partida. O puedes conseguir libros de cocina y programas de computadora que te darán la cuenta de carbohidratos de toda clase de alimentos.

Algunos programas de computadora calcularán datos de nutrición después de que tú agregues o quites ingredientes de las recetas, o incluso puedes ingresar tus propias recetas.

Uso de listas de intercambio

En el sistema de intercambio, los alimentos están agrupados en tipos básicos –incluidos almidones, frutas, leche y sus derivados, y carne y sustitutos de ésta–. Los alimentos de cada grupo contienen aproximadamente la misma cantidad de calorías, carbohidratos y otros nutrientes.

Eso significa que puedes intercambiar o sustituir alimentos dentro del grupo debido a que son similares en contenido nutricional y en la manera en que afectan tu azúcar en la sangre.

Un intercambio básicamente es una ración del mismo grupo. Un intercambio de almidón, por ejemplo, podría ser la mitad de una papa al horno (85 gramos) o un tercio de taza de frijoles cocidos o media taza de maíz.

Tu dietista recomendará cierto número de intercambios diarios de cada grupo de alimentos con base en tus necesidades y preferencias personales. Juntos decidirán la mejor manera de aumentar los intercambios durante el día.

Las listas de intercambio, desarrolladas por la Asociación Americana de Diabetes y por la Asociación Americana de Dietética, ayudan a asegurar variedad en tu plan alimenticio, así como el tamaño de la ración apropiado para alimentos que te ayudan a mantener tu nivel de azúcar en la sangre dentro de tus límites establecidos.

Categorías de alimentos

En el sistema de intercambio, los alimentos están agrupados en estas categorías principales:
- Almidones

- Verduras sin almidón
- Frutas
- Leche
- Carne y sustitutos de ésta
- Dulces, postres y otros carbohidratos
- Grasas

El sistema de intercambio también incluye información sobre determinados intercambios cuando comes o bebes:
- Combinación de alimentos
- Comida rápida
- Alcohol

Otra categoría en el sistema de intercambio es la denominada alimentos libres. Alimentos libres son alimentos que puedes comer tan a menudo como lo desees.

Un alimento libre significa un alimento o bebida que tiene menos de 20 calorías o no más de 5 gramos de carbohidratos por porción.

Si tienes sobrepeso, tu dietista debe tener precaución de que tus alimentos con 5 gramos o menos de carbohidratos no sean "libres" si tienen muchas calorías.

Una dietista puede ayudarte a utilizar la lista de intercambio para que entiendas tu plan alimenticio diario. No todos los que tienen diabetes necesitan utilizar una lista de intercambio, pero muchas personas con diabetes tipo 1 o tipo 2 la encuentran útil.

 ¿Puedo comer alimentos o tomar bebidas con endulzantes en cantidades ilimitadas?

La mayoría de las bebidas y algunos caramelos que contienen endulzantes artificiales casi no tienen calorías, y no cuentan como un carbohidrato, una grasa o algún otro intercambio. Los ejemplos incluyen:
- Acesulfame de potasio (Sweet One, Sunett)
- Aspartame (Equal, NutraSweet)
- Sacarina (Sugar Twin, Sweet'N Low)
- Sucralosa (Splenda)

Ten en mente que muchos de los alimentos etiquetados como de dieta, dietéticos o sin azúcar (como los dulces sin azúcar) contienen endulzantes con calorías y carbohidratos que pueden afectar tu nivel de glucosa. Revisa las etiquetas de los productos buscando palabras como sorbitol, manitol, xilitol, lactitol y maltitol, que son azúcares derivados de alcoholes.

Aunque los azúcares derivados de alcoholes son más bajos en calorías que el azúcar, no comas cantidades ilimitadas de alimentos sin azúcar porque otros ingredientes de estos alimentos contribuyen con calorías. Y en algunas personas, cantidades tan pequeñas como 20 a 50 gramos de azúcar derivada de alcoholes pueden producir diarrea, gas y distensión.

Lista de raciones intercambiables

Aquí hay algunos ejemplos de lo que cuenta como una ración cuando utilizas listas de intercambio. Tu plan de alimentación puede recomendar varias raciones de cada grupo de alimentos para cada comida.

Alimento	Ejemplos de una ración
Almidones	1 rebanada de pan integral ¼ de bagel grande 1 tortilla de maíz o harina de 15 centímetros ½ taza de hojuelas de avena cocida ¼ de papa grande cocida con cáscara
Verduras sin almidón	1 taza de espárrago crudo 1 taza de zanahoria cruda ½ taza de coliflor cocida ½ taza de jugo de tomate
Frutas	1 manzana pequeña, sin pelar 1 plátano extra pequeño 17 uvas pequeñas ¾ de taza de piña fresca ½ taza de jugo de naranja
Leche	1 taza de leche sin grasa 2/3 de taza de yogurt sin grasa o bajo en grasa
Carne y sustitutos de ésta	28 gramos de carne de res seleccionada 28 gramos de pescado fresco o congelado 28 gramos de carne de cerdo magra 28 gramos de ave, sin piel 28 gramos de queso, con 3 gramos o menos de grasa 2 claras de huevo
Dulces, postres y otros carbohidratos	1 cucharada pequeña de miel 1 cucharada pequeña de jalea o mermelada 3 caramelos 3 galletas de jengibre ½ taza de budín sin azúcar
Grasas	6 nueces de la India 8 aceitunas negras grandes 1 cucharadita de margarina sin grasa trans 1 cucharada de mayonesa baja en grasas 2 cucharadas de la mezcla de crema y leche

Modificado de Elige tus alimentos: Lista de intercambio para diabetes, Asociación Americana de Diabetes y Asociación Americana de Dietética, 2008

Mantener la motivación

Apegarse a un plan de alimentación saludable es uno de los aspectos más desafiantes de vivir con diabetes. La clave es encontrar formas de mantenerte motivado y superar obstáculos potenciales.

Preocupaciones financieras

Comprar mucha fruta fresca y verduras puede ser costoso. Pero mantén en mente que probablemente estás comprando alimentos menos nutritivos, como frituras y dulces, que también pueden ser costosos. También ahorras dinero debido a que compras menos carne.

Barreras culturales

La alimentación es una expresión de la cultura. Pero todas las cocinas pueden ser preparadas de maneras más saludables. Puedes encontrar libros de cocina para personas con diabetes que se concentran en comidas de diferentes culturas, con una gran cantidad de ideas para realizar recetas más sanas.

Situaciones familiares y sociales

En algunas ocasiones, los miembros de la familia y amigos pueden no entender por qué estás haciendo cambios en tus alimentos –y hacia los suyos–. Discute tus metas de tratamiento de la diabetes con la familia y amigos y pídeles su apoyo. Los cambios que estás haciendo mantendrán más sanos a tu familia y a ti.

Si la familia y amigos parecen ofendidos si dices que no a sus platillos especiales, consigue su ayuda para hacer de esa receta especial una opción saludable. Pregunta a tu dietista sugerencias de recetas para que ocasionalmente puedas incluir las favoritas de la familia en tu plan alimenticio.

Si vas a asistir a alguna reunión especial en la que no conoces bien a las personas, antes de llegar piensa en lo que comerás y beberás una vez que estés ahí. Podrías considerar llevar contigo tu propia botana saludable con algo extra para compartir.

Tu dietista puede darte consejos y ayudar en tu plan para estos momentos de tentación.

Recompensas por permanecer en el plan

La motivación para apegarte a tu plan dietético mejorará cuando empieces a experimentar los beneficios de esforzarte:

- Experimentarás menos episodios de glucosa alta o baja.
- Tendrás mejor capacidad para controlar tu peso.
- Te sentirás mejor y tendrás más energía.
- Tendrás mejor control sobre tu diabetes.

? **Hay momentos en que falla mi voluntad. ¿Qué pasa si no siempre sigo mi dieta?**

Cuando ocasionalmente comes más de lo que deberías o haces elecciones de comida menos sanas, ten presente que sucedió y sigue adelante. No trates de saltarte una comida o comer menos para reparar esto. Sólo continúa con tu plan de alimentación regular y mantente físicamente activo para conservar un peso sano.

Pero si de manera regular no sigues un plan de alimentación saludable, será difícil determinar cuánto medicamento necesitas, y puedes tener problemas con la glucosa en la sangre alta o baja. Si tienes un control pobre de glucosa, puedes desarrollar complicaciones serias. Tus hábitos no saludables con el tiempo te afectarán.

Recetas
para la buena salud

Las decisiones que tomas cada día respecto de la selección y la preparación de alimentos afectan cómo te sientes hoy y qué tan bien vivirás en los años por venir.

¿Cómo comer bien? Empieza al disfrutar una variedad de alimentos que pueden ayudar a mantenerte sano. Si tienes diabetes, comer bien te ayudará a mantener tu glucosa en sangre normal, posiblemente te prevendrá de tener que tomar medicina o reducirá la cantidad que necesites tomar.

Las recetas siguientes muestran qué fácil y gratificante puede ser comer bien.

Pollo al horno con peras
8 porciones

Ingredientes

8 pechugas de pollo de 120 gramos sin hueso y sin piel
1 cucharada de estragón
1 cucharadita de aceite de oliva (dividido)
2 cebollas dulces medianas, finamente cortadas
4 peras, sin semilla y finamente cortadas
1 taza de queso feta bajo en grasa desmoronado

Preparación

1. Precalienta el horno a 190°C.

2. Frota cada pechuga de pollo con el estragón.

3. Calienta ½ cucharada de aceite de oliva en un sartén grande refractario, y cocina las pechugas de dos a tres minutos por lado hasta que estén ligeramente doradas. Agrega el aceite restante y la cebolla rebanada, y continúa cocinando hasta que las cebollas estén traslúcidas.

4. Cubre ligeramente la sartén con papel aluminio. Coloca la sartén en el horno y hornea el pollo y las cebollas cerca de 15 minutos. Las pechugas de pollo deben alcanzar 75°C cuando se les aplique un termómetro de carne. Retira del horno. Déjalo reposar (aún cubierto) cerca de cinco minutos antes de servir.

5. Emplata de la manera siguiente: haz una cama de cebolla horneada y coloca el pollo en la parte de arriba. Distribuye las rebanadas de pera por encima y alrededor de la pechuga de pollo. Espolvorea cada pechuga con dos cucharadas grandes de queso feta. Sirve.

Cada porción proporciona

Calorías	255
Proteínas	31 gm
Carbohidratos	26 gm
Grasa total	3 gm
Grasa monoinsaturada	1.6 gm
Colesterol	66 mg
Sodio	199 mg
Fibra	4 g

Lista de raciones intercambiables:

Frutas	½
Vegetales sin almidón	3
Carne y sustitutos de ésta	3

Arroz integral con verduras
8 porciones

Ingredientes

1 taza de arroz integral, no cocido
1 cucharada de aceite
2 tazas de caldo de pollo bajo en sodio (o agua)
4 cebollas de verdeo (cebollas verdes que incluyen la parte superior)
2 tazas de pimientos rojos, verdes o amarillos, apio, champiñones, espárragos, chícharos o zanahorias
2 cucharadas de jugo de limón
Opcional: pimienta negra, perejil fresco picado

Preparación

1. En una cacerola grande, a fuego medio, saltea el arroz en aceite cerca de dos minutos, muévelo con frecuencia. Reduce la temperatura, agrega el caldo y cocina a fuego lento con la cacerola tapada sin mover o abrir la tapa aproximadamente por 30 minutos.
2. Mientras tanto, pica las cebollas de verdeo, incluyendo la parte superior, en pequeños pedazos. Haz lo mismo con las verduras seleccionadas.
3. Cuando el arroz esté cocido durante 30 minutos, agrega las verduras y el jugo de limón. Revuelve bien para combinar. Cubre el sartén y continúa cociendo a temperatura media hasta que el arroz esté tierno pero tenga todavía algo de textura (entre 10 y 15 minutos más).
4. Sazona con pimienta negra y coloca en la parte superior el perejil fresco picado (si así se desea) y sirve.

Cada porción proporciona

Calorías	123
Proteínas	3
Carbohidratos	21
Grasa total	3
Grasa monoinsaturada	1.5
Colesterol	1
Sodio	44
Fibra	2

Lista de ráciones intercambiables:

Almidón	1
Vegetales sin almidón	1
Grasas	1

Ensalada de lechugas y calabacitas tiernas
4 porciones

Ingredientes

2 calabacitas (aproximadamente 900 gramos en total)
2 cucharadas de azúcar morena
2 cucharadas de margarina sin grasa trans o aceite de oliva
4 tazas de hojas de lechuga (roja, boston, francesa o una mezcla)
2 cucharadas de semilla de girasol
4 cucharaditas de miel

Preparación

1. Pica varias veces la calabacita con un cuchillo fino para permitir que el vapor escape durante la cocción.
2. Coloca en el horno de microondas, en alto, cada calabacita hasta que esté tierna, alrededor de cinco minutos. Voltéalas después de tres minutos para asegurar el cocimiento.
3. Coloca la calabacita en una tabla para picar y córtala a la mitad. Raspa y elimina las semillas.
4. Quita la pulpa de la calabacita y colócala en un tazón para mezclar. Haz lo mismo con la otra calabacita. Debe haber aproximadamente dos tazas de pulpa.
5. Espolvorea la pulpa con el azúcar morena y agrega la margarina.
6. Divide la lechuga en cuatro platos para ensalada. Coloca sobre ella ½ taza de la mezcla de calabacita, ½ cucharada de semillas de girasol y una cucharadita de miel. Sirve inmediatamente.

Cada porción proporciona

Calorías	145
Proteínas	2 g
Carbohidratos	27 g
Grasa total	4 g
Grasa monoinsaturada	2 g
Grasa saturada	pequeñas cantidades
Colesterol	0 mg
Sodio	135 mg
Fibra	5 g

Lista de raciones intercambiables:

Almidón	1
Dulces y otros carbohidratos	½
Grasas	1

Postre de crema helada de arándano y limón
4 porciones

Ingredientes

170 gramos de yogurt de vainilla bajo en grasa endulzado con edulcorante bajo en calorías
120 gramos de queso crema sin grasa
  1 cucharaditas de miel
  2 cucharaditas de ralladura de limón
  3 tazas de arándano fresco, bien enjuagados y escurridos

Preparación

1. Escurre el líquido del yogurt. En un tazón mediano vierte el yogurt, el queso crema y la miel. Usa una batidora eléctrica para batir a alta velocidad hasta que la mezcla de yogurt esté ligera y cremosa.
2. Revuelve la ralladura de limón con la mezcla.
3. Coloca la crema de limón y arándano en copas para postre.

Nota: si no lo sirves de inmediato, cúbrelo y refrigéralo.

Cada porción proporciona

Calorías	125
Proteínas	7 g
Carbohidratos	22 g
Grasa total	1 g
Grasa monoinsaturada	2 g
Colesterol	3 mg
Sodio	180 mg
Fibra	3 g

Lista de raciones intercambiables:

Frutas	1
Leche y derivados lácteos	1/2

Papas asadas
4 porciones

Ingredientes

450 gramos de papas grandes rojas o blancas con cáscara, cortadas en pedazos de medio centímetro de grosor
1 cucharada gde aceite de oliva
1 cucharadita de romero u orégano

Preparación

1. Precalienta el horno a 200°C.
2. Barniza ligeramente la charola para hornear con aerosol para cocinar.
3. Remoja los pedazos de papa en agua helada durante cinco minutos. Escurre las papas y enjuágalas completamente bajo agua fría. Coloca servilletas de papel entre ellas para secarlas.
4. Pasa las papas a un tazón grande, vierte el aceite de oliva sobre ellas y muévelas de un lado a otro para cubrirlas por completo.
5. Coloca las papas en una sola capa en la charola para hornear ya preparada.
6. Hornea durante 15 minutos. Voltea las papas y hornea otros cinco minutos. Espolvorea las hierbas sobre las papas. Regresa las papas al horno y hornea hasta que estén doradas y crujientes, alrededor de cinco minutos. Sirve inmediatamente.

Cada porción proporciona

Calorías 116
Proteínas ....2 g
Carbohidratos .... 18 g
Grasa total ....4 g
Grasa monoinsaturada ....2 g
Grasa saturada..1 g
Colesterol ....0 mg
Sodio ....7 mg
Fibra ....2 g

Lista de raciones intercambiables:
Almidón 1
Grasas 1

Uvas y nueces con salsa de crema de limón
4 porciones

Ingredientes

½ taza de crema ácida sin grasa
2 cucharadas de azúcar glas
½ cucharadita de ralladura de limón
½ cucharadita de jugo de limón
1/8 de cucharadita de extracto de vainilla
1 ½ tazas de uva roja sin semilla
1 ½ tazas de uva verde sin semilla
3 cucharadas de nuez picada

Preparación

1. En un tazón pequeño coloca la crema ácida, azúcar glas, ralladura de limón, jugo de limón y vainilla. Bate hasta mezclarlo totalmente.
2. Cúbrelo y ponlo a enfriar durante varias horas.
3. Divide las uvas de manera equitativa en seis copas para postre de tallo corto o tazones. Agrega dos cucharadas de la mezcla con limón en cada copa. Espolvorea cada porción con media cucharada de nuez picada. Sirve inmediatamente.

Cada porción proporciona

Calorías 110
Proteínas ....2 g
Carbohidratos .... 21 g
Grasa total ....2 g
Grasa monoinsaturada ....1 g
Grasa saturada..< 1 g
Colesterol ....2 mg
Sodio ....29 mg
Fibra ....1 g

Lista de raciones intercambiables:
Frutas.. 1 ½

Brocheta de mariscos

6 porciones

Ingredientes

500 gramos de camarón
500 gramos de mejillón
Jugo de un limón
2 cucharadas de aceite de oliva
1 diente de ajo picado
2 cucharadas de cilantro fresco picado

Preparación

1. Pela y retira la vena del camarón, dejando la cola. Enjuaga y seca las conchas usando servilletas de papel. Coloca los camarones y los mejillones en un tazón de cristal. Agrega los demás ingredientes. Revuelve bien y marina en el refrigerador por lo menos durante 30 minutos.
2. Rocía la parrilla con aerosol para cocinar. Precalienta la parrilla. Alterna un camarón y un mejillón en el palillo para la brocheta. Colócala sobre la parrilla por varios minutos. Barniza con cualquier marinada mientras está en la parrilla. Voltea la brocheta y déjala en la parrilla hasta que los camarones y mejillones estén opacos y ligeramente dorados (alrededor de ocho minutos en total).
3. Si lo deseas, espolvorea con ralladura de limón, más jugo de limón y pimienta negra en polvo. Sirve.

Cada porción proporciona

Calorías	146
Proteínas	20 g
Carbohidratos	3 g
Grasa total	6 g
Grasa monoinsaturada	3 g
Grasa saturada	1 g
Colesterol	104 mg
Sodio	323 mg
Fibra	0 g

Lista de raciones intercambiables:

Carne y sustitutos de ésta	3
Grasas	1

Zanahorias de cambray a la menta
6 porciones

Ingredientes

6 tazas de agua
500 gramos de zanahoritas enjuagadas
$\frac{1}{4}$ de taza de jugo de manzana
1 cucharada de fécula de maíz
$\frac{1}{2}$ cucharada de hojas de menta fresca picadas
$\frac{1}{8}$ de cucharadita de canela en polvo

Preparación

1. Coloca las seis tazas de agua en una olla grande. Agrega las zanahorias y hierve hasta que estén tiernas, alrededor de 10 minutos.
2. Escurre las zanahorias y colócalas en un tazón.
3. En una olla aparte con temperatura moderada, combina el jugo de manzana y la fécula de maíz. Revuelve hasta que la mezcla espese, alrededor de cinco minutos. Agrega la menta y la canela.
4. Vierte la mezcla de jugo de manzana sobre las zanahorias. Sirve inmediatamente.

Cada porción proporciona

Calorías 38
Proteínas ....1 g
Carbohidratos ....10 g
Grasa total ....0 g
Colesterol ....0 mg
Sodio ....45 mg
Fibra ....2 g

Lista de raciones intercambiables:
Vegetales sin almidón 2

Teriyaki de espárragos cristalizados
6 porciones

Ingredientes

700 gramos de espárragos frescos. Retira el extremo menos tierno y corta los espárragos en piezas de 4 centímetros.
2 cucharadas de agua
$\frac{1}{2}$ cucharadita de azúcar
2 cucharaditas de salsa de teriyaki

Preparación

1. Coloca la sartén a fuego alto, agrega el agua y los espárragos y cubre perfectamente. Reduce la temperatura a moderada. Mueve con suavidad la sartén para asegurarte de que se mezclen los espárragos y se calienten por completo. Agrega el agua necesaria para que los espárragos no se quemen. Esto tomará alrededor de cinco minutos.
2. Cuando los espárragos estén apenas tiernos, quita la cubierta y continúa la cocción hasta que casi se acabe el agua. Retira la sartén del fuego.
3. Espolvorea azúcar sobre los espárragos. Rocía con salsa de teriyaki. Mueve con suavidad la sartén para asegurarte de que los espárragos estén cubiertos por completo con la salsa de teriyaki. Sirve.

Cada porción proporciona

Calorías 32
Proteínas ....3 g
Carbohidratos ....5 g
Grasa total ....0 g
Colesterol ....0 mg
Sodio ....115 mg
Fibra ....2 g

Lista de raciones intercambiables:
Vegetales 1

Panqué maravilla
Proporciona 18 panqués pequeños

Ingredientes

1 taza de harina común
1 taza de harina de trigo integral
¾ de taza de azúcar
2 cucharaditas de bicarbonato de sodio
2 cucharaditas pequeñas de canela en polvo
¼ de cucharadita de sal
¾ de taza de sustituto de huevo
½ taza de aceite vegetal
½ taza de puré de manzana sin endulzar
2 cucharaditas de extracto de vainilla
2 tazas de manzana picada (sin pelar)
½ taza de pasas
¾ de taza de zanahoria rallada
2 cucharadas de nuez picada

Preparación

1. Precalienta el horno a 175°C.
2. Recubre una sartén para panqués con papel o con hojas de papel aluminio.
3. En un tazón grande, combina las harinas, azúcar, bicarbonato de sodio, canela y sal. Bate para mezclarlo totalmente.
4. En un tazón aparte, agrega el sustituto de huevo, aceite, puré de manzana y vainilla. Agrega las manzanas, pasas y zanahorias. Agrega a la mezcla de harina y revuelve hasta integrar los ingredientes pero que quede todavía un poco grumoso.
5. Coloca la masa dentro de las tazas para panqué, llena cada taza más o menos a ²/₃ de su capacidad. Espolvorea la nuez picada y hornea hasta que esté esponjoso al tacto, alrededor de 35 minutos.
6. Deja enfriar por cinco minutos, después coloca los panqués en una rejilla y déjalos enfriar por completo. Sirve.

Cada porción proporciona (1 panqué)

Calorías	170
Proteínas	3 g
Carbohidratos	25 g
Grasa total	7 g
Grasa monoinsaturada	2 g
Grasa saturada	1 g
Colesterol	Pequeñas cantidades
Sodio	195 mg
Fibra	2 g

Lista de raciones intercambiables:

Almidón	1
Frutas	1
Grasas	1

Estofado de carne de res

8 porciones

Ingredientes

3 cucharadas de harina de trigo integral

500 gramos de carne de res magra sin hueso para estofado. Recorta toda la grasa visible y corta en cubos de 4 centímetros

2 cucharadas de aceite de oliva

3 cebollas escalonias grandes, finamente cortadas

½ cucharadita de sal (opcional)

¾ de cucharadita de pimienta negra

½ cucharadita de tomillo seco (o tres ramitos para adornar)

1 hoja de laurel

3 tazas de caldo de res o de verduras —de contenido reducido de sodio o sin sal agregada—

½ taza de vino tinto (opcional)

6 papas rojas medianas, cortadas en trozos de 2.5 cm

6 zanahorias cortadas en trozos de 2.5 centímetros

18 cebollas pequeñas, partidas a la mitad (o una taza de cebolla picada)

3 champiñones portobello grandes. Cepíllalos para limpiarlos y córtalos en pedazos de 2.5 centímetros

1 taza de apio, cortado en pedazos de 2.5 centímetros

1/3 de taza de perejil picado

Preparación

1. Coloca la harina en un plato. Enharina la carne. En una cacerola grande calienta el aceite, agrega la carne y cuece hasta que esté dorada en todos sus lados —alrededor de cinco minutos—. Retira la carne de la cacerola con un cucharón con rejillas, y colócala a un lado.

2. Agrega las cebollas al sartén y saltéalas hasta que estén suaves y doradas. Agrega sal, la mitad de la pimienta, el tomillo y el laurel. Saltea durante un minuto. Regresa la carne al sartén y agrega el caldo y el vino. Haz que hierva y después reduce la temperatura. Cubre y cocina a fuego lento hasta que la carne esté tierna —alrededor de 40 minutos—.

3. Agrega las zanahorias, papas, cebollas, champiñones y apio. Cubre y hierve a fuego lento hasta que las verduras estén tiernas —alrededor de 30 minutos—. Agrega el perejil y la pimienta restante.

4. Retira el laurel y sirve.

Cada porción proporciona

Calorías	271
Proteínas	17 g
Carbohidratos	35 g
Grasa total	7 g
Grasa monoinsaturada	4 g
Colesterol	32 mg
Sodio	388 mg
Fibra	5 g

Lista de raciones intercambiables:

Almidón	1
Vegetales sin almidón	4
Carne y sustitutos de ésta	1

Tartaleta de fresa

6 porciones

Ingredientes

1 ¾ de taza de harina común, cernida
2 ½ cucharaditas de polvo para hornear de doble acción
½ cucharadita de sal
1 cucharada de azúcar
2 cucharadas de margarina sin grasa trans
¾ de taza de leche sin grasa

Cubierta:
6 tazas de fresas frescas, sin rabo y cortadas
¾ de taza (170 gramos) de yogurt simple sin grasa

Preparación

1. Precalienta el horno a 230°C.
2. Barniza ligeramente una charola para hornear con aerosol para hornear.
3. En un tazón mezclador grande, coloca la harina, el polvo para hornear, sal y azúcar. Con un tenedor mezcla la margarina con los ingredientes secos hasta que la mezcla parezca gruesa. Agrega la leche y revuelve hasta que se forme una masa húmeda.
4. Coloca la masa sobre una superficie de trabajo cubierta con una gran cantidad de harina. Con las manos enharinadas amasa suavemente de seis a ocho veces hasta que la masa esté suave y manejable. Con un rodillo aplana la masa en forma de rectángulo y con un grosor de alrededor de medio centímetro. Corta seis cuadros.
5. Coloca los cuadros en la charola para hornear preparada. Hornea hasta que esté dorada, de 10 a 12 minutos.
6. Coloca los cuadros en platos individuales. Cubre cada uno con una taza de fresas y dos cucharadas de yogurt. Sirve inmediatamente.

Cada porción proporciona

Calorías	250
Proteínas	7 g
Carbohidratos	45 g
Grasa total	5 g
Grasa monoinsaturada	2 g
Grasa saturada	1 g
Colesterol	2 mg
Sodio	486 mg
Fibra	4 g

Lista de raciones intercambiables:

Almidón	1
Frutas	1
Leche y derivados lácteos	1
Grasas	1

Espagueti sencillo con salsa marinara

8 porciones

Ingredientes

- 1 cebolla grande picada
- 2 dientes de ajo, picados (o al gusto)
- 1 cucharada de aceite de oliva
- 2 latas de 800 gramos de jitomate entero pelado y jugo –sin sal agregada–
- ¼ de taza de perejil picado
- 350 gramos de espagueti de trigo integral no cocido
- 60 gramos de queso parmesano finamente rallado (aproximadamente ¾ de taza)

Preparación

1. En una sartén grande, cuece las cebollas y el ajo en aceite de oliva a temperatura media hasta que estén suaves. Agrega los jitomates, incluido el jugo, y el perejil. Hierve a fuego lento mientras machacas los jitomates para que queden en pedazos más pequeños (para hacer una salsa más espesa, hierve a fuego lento hasta por 1 ½ hora).
2. Llena ¾ de una cacerola grande con agua. Ponla a hervir. Agrégale espagueti y cocina hasta que esté "al dente" o hasta que esté tierno, todavía con textura (ve las instrucciones del envase para el tiempo). Escurre la pasta completamente.
3. En un tazón grande calentado, combina el espagueti y la salsa. Voltéalo con suavidad para mezclar. Sirve –cada porción cubierta con queso parmesano–.

Cada porción proporciona

Calorías	257
Proteínas	10 g
Carbohidratos	43 g
Grasa total	5 g
Grasa monoinsaturada	2 g
Grasa saturada	1.5 g
Colesterol	5 mg
Sodio	140 mg
Fibra	7 g

Lista de raciones intercambiables:

Almidón	2
Leche y derivados lácteos	½
Verduras sin almidón	2
Grasas	1

Avena corazón sano

6 porciones

Ingredientes

3 ¼ tazas de agua
2 tazas de hojuelas de avena
1 taza de arándano
½ taza de arándano seco o pasas
¼ de taza de azúcar morena
2 tazas de yogurt de vainilla sin grasa, endulzado con
   edulcorante bajo en calorías
¼ de taza de nuez picada

Preparación

1. En una cacerola mediana coloca el agua a hervir; agrega la avena. Vuelve a hervir y reduce la temperatura a moderada. Cocina durante cinco minutos aproximadamente o hasta que la mayor parte del líquido se haya absorbido. Revuelve con frecuencia.
2. Mezcla la fruta con la avena. Colócala en tazones. Cubre con azúcar morena, yogurt y nueces. Sirve.

Cada porción proporciona

Calorías	249
Proteínas	9 g
Carbohidratos	42 g
Grasa total	5 g
Grasa monoinsaturada	2 g
Grasa saturada	1 g
Colesterol	1 mg
Sodio	51 mg
Fibra	5 g

Lista de raciones intercambiables:

Almidón	1
Frutas	1
Leche y derivados lácteos	½
Dulces y otros carbohidratos	½
Grasas	1

Burrito para desayuno

1 porción

Ingredientes

½ taza de jitomate picado
2 cucharadas de cebolla picada
¼ de taza de maíz en lata, sin sal agregada
¼ de taza de sustituto de huevo
1 tortilla de harina de trigo integral, (15 centímetros de diámetro)
2 cucharadas de salsa

Preparación

1. En una sartén pequeña, coloca el jitomate picado, cebolla y maíz. Cocina a temperatura media hasta que las verduras estén suaves y la humedad se haya evaporado.
2. Agrega el sustituto de huevo y revuelve con las verduras hasta que todo esté cocinado, alrededor de tres minutos.
3. Para servir, coloca la mezcla de huevo en el centro de la tortilla y cúbrela con salsa. Dobla ambos lados de la tortilla sobre el relleno, después enrolla para cerrar. Sirve inmediatamente.

Cada porción proporciona

Calorías	231
Proteínas	12 g
Carbohidratos	34 g
Grasa total	5 g
Grasa monoinsaturada	2 g
Grasa saturada	1 g
Colesterol	1 mg
Sodio	519 mg
Fibra	8 g

Lista de raciones intercambiables:

Almidón	2
Verduras sin almidón	1
Carne y sustitutos de ésta	1

Sándwich pita de pollo con salsa de limón y eneldo
8 porciones

Ingredientes

900 gramos de pechuga de pollo sin hueso y sin piel cortadas en pequeños pedazos
2 cucharaditas de aceite de oliva
½ cucharadita de pimienta limón (sin sal)
1 cucharada de jugo de limón
2 cebollas medianas finamente cortadas
2 tazas de lechuga cortada en tiritas
4 jitomates, finamente cortados
2 tazas de pepino, finamente cortado
8 panes pita de trigo integral (10 centímetros de diámetro)

Salsa:
2 tazas de yogurt simple sin grasa
2 cucharaditas de hoja de eneldo seco o 1 ½ cucharaditas de hojas de eneldo fresco
2 dientes de ajo, picados

Preparación

1. En una sartén a temperatura media, saltea las piezas de pollo con una cucharadita de aceite de oliva hasta que estén ligeramente doradas y completamente cocidas, alrededor de cinco minutos. Espolvorea pimienta limón y pásalo a un tazón. Agrega el jugo de limón; mezcla con el pollo. Cúbrelo y mantenlo tibio.
2. En el mismo sartén, calienta la cucharadita restante de aceite de oliva y agrega las cebollas cortadas. Saltea hasta que estén ligeramente doradas y cocinadas totalmente. Pásalas a un tazón diferente y cúbrelas para conservarlas tibias.
3. Mientras el pollo y las cebollas están enfriándose prepara la lechuga en tiritas, el jitomate cortado y los pepinos.
4. Mezcla todos los ingredientes de la salsa en un tazón.
5. Arma los sándwiches de la siguiente manera: coloca el pan pita sobre un plato. Cúbrelo con lechuga, pollo, cebolla, jitomate y rebanadas de pepino. Coloca la salsa de yogurt sobre el pollo y sirve.

Cada porción proporciona

Calorías	272
Proteínas	33 g
Carbohidratos	26 g
Grasa total	1.5 g
Grasa monoinsaturada	1.5 g
Colesterol	66 mg
Sodio	199 mg
Fibra	4 g

Lista de raciones intercambiables:

Almidón	1
Leche y derivados lácteos	½
Vegetales sin almidón	1
Carne y sustitutos de ésta	3

Salmón a la parrilla con rebanadas de pepino y rábano
8 porciones

Ingredientes

900 gramos de filete de salmón
1 cucharadita de jugo de limón
1 cucharadita de aceite de oliva
Pimienta negra (opcional)
2 tazas de pepino, sin semilla y finamente rebanado
¾ de taza de rábano finamente rebanado
1 cucharadita de aceite de oliva
2 cucharadas grandes de vinagre
¼ de cucharadita de hojas de eneldo

Preparación

1. Frota el salmón con el jugo de limón, después con aceite. Espolvorea la pimienta negra. Corta en ocho pedazos. Coloca el salmón con la piel hacia abajo en una hoja de aluminio que haya sido barnizada con aerosol para hornear.
2. En un tazón combina los ingredientes restantes. Mezcla bien y refrigera.
3. Coloca en la parrilla a temperatura de media a alta hasta que el salmón esté dorado pero todavía jugoso (para obtener mejores resultados utiliza un termómetro de alimentos –la temperatura interna debe alcanzar 63°C–).
4. Cubre cada porción de pescado con la mezcla de pepino y rábano.

Cada porción proporciona

Calorías 168
Proteínas .... 23 g
Carbohidratos .... 1 g
Grasa total .... 8 g
Grasa monoinsaturada .... 3 g
Colesterol .... 62 mg
Sodio .... 54 mg
Fibra .... pequeñas cantidades

Lista de raciones intercambiables:
Comida libre 1
Carne y sustitutos de ésta 3

Ensalada de fruta tropical
8 porciones

Ingredientes

1 mango (aproximadamente 1 ½ tazas)
1 papaya (aproximadamente 2 tazas) ·
2 tazas de piña (fresca o enlatada en su jugo y escurrida)
4 cebollas de verdeo (incluida una parte del rabo verde)
1 chile jalapeño (o una cucharadita de chile verde enlatado)
2 cucharaditas de jugo de limón o de lima
2 cucharadas de cilantro o perejil, picado

Preparación

1. Corta el mango, papaya y piña en pequeños cubos uniformes. Colócalos en un tazón.
2. Pica las cebollas de verdeo, incluyendo una parte del rabo verde, en pequeños pedazos y agrégala a la fruta.
3. Quita las semillas y la membrana blanca del chile jalapeño (utiliza guantes). Pícalo finamente. Agrégalo a la fruta.
4. Agrega el jugo de limón o lima y el cilantro o perejil. Mezcla bien y sirve sobre una hoja de lechuga (como una ensalada) o como salsa acompañando pescado, marisco o papitas horneadas.

Cada porción proporciona

Calorías 64
Proteínas ....1 g
Carbohidratos .... 15 g
Grasa total ....pequeñas cantidades
Grasa monoinsaturada ....pequeñas cantidades
Colesterol ....0 mg
Sodio ....9 mg
Fibra ....2 g

Lista de raciones intercambiables:
Frutas 1

Postre crujiente de manzana y arándano
8 porciones

Ingredientes

6 tazas de manzanas rebanadas (tres peladas y tres sin pelar)
1 taza de arándano fresco (o congelado sin endulzar)
2 cucharadas de azúcar de mesa
³/₄ de taza de hojuelas de avena (sin cocinar)
¹/₃ de taza de azúcar morena (comprimida)
2 cucharadas de harina de trigo integral
¹/₂ cucharadita de canela
2 cucharadas de mantequilla para untar sin grasa trans
¹/₂ taza de yogurt con sabor a vainilla, limón o maple sin grasa, endulzado con edulcorante bajo en calorías

Preparación

1. En un tazón mezclador grande combina manzanas, arándanos y azúcar de mesa. Mezcla bien. Coloca en un molde cuadrado para hornear de 2 litros o en un plato para pastel de 23 centímetros.
2. En un tazón pequeño combina las hojuelas de avena, azúcar morena, harina, canela y mantequilla para untar. Mezcla con los dedos hasta que esté desmenuzado. Espolvorea por completo la mezcla de avena sobre la mezcla de manzana.
3. Hornea a 190°C de 30 a 35 minutos o hasta que las manzanas estés tiernas. Sirve tibio con una bola de yogurt.

Cada porción proporciona

Calorías 172
Proteínas ....2 g
Carbohidratos .... 32 g
Grasa total ....4 g
Grasa monoinsaturada ....1 g
Colesterol ....pequeñas cantidades
Sodio ....12 mg
Fibra ....4 g

Lista de raciones intercambiables:
Almidón 1
Frutas 1
Grasas 1

Tacos suaves
con verduras sureñas
4 porciones

Ingredientes

1 cucharada de aceite de oliva
1 cebolla roja mediana picada
1 taza de calabacín de verano cortado en cubos
1 taza de calabaza verde cortada en cubos
3 dientes de ajo, picados
4 jitomates medianos, sin semilla y picados
1 chile jalapeño, sin semilla y picado
1 taza de granos de elote fresco (aproximadamente dos elotes, o una taza de maíz congelado)
1 taza de frijoles enlatados negros o pintos, lavados y escurridos
½ taza de cilantro fresco picado
8 tortillas de maíz
½ taza de salsa ahumada

Preparación

1. En una olla grande calienta el aceite de oliva a temperatura media. Agrega la cebolla y cuece hasta que esté suave. Agrega el calabacín de verano cortado y continúa cociendo hasta que estén tiernas, alrededor de cinco minutos. Mezcla el ajo, jitomates, jalapeño, granos de maíz y frijoles. Cuece hasta que las verduras estén ligeramente crujientes, alrededor de cinco minutos. Agrega el cilantro y retira del fuego.
2. Calienta una sartén grande (sin superficie no adherente) a temperatura media. Agrega una tortilla a la sartén caliente y caliéntala hasta que esté suave, alrededor de 20 segundos por lado. Repite la acción con las tortillas restantes.
3. Para servir, divide las tortillas en platos individuales. Coloca una cantidad igual de la mezcla de verduras en cada tortilla. Cubre con dos cucharadas grandes de salsa. Sirve inmediatamente.

Cada porción proporciona (2 tacos)

Calorías 295
Proteínas .... 10 g
Carbohidratos .... 55 g
Grasa total .... 6 g
Grasa monoinsaturada .... 3 g
Grasa saturada .... 1 g
Colesterol .... 0 mg

Sodio .... 221 mg
Fibra .... 10 g

Lista de raciones intercambiables:
Almidón 3
Vegetales sin almidón 2
Grasas... 1

Capítulo 4

Alcanza
un peso saludable

¿Necesitas perder peso? 76

Evalúa tu disposición 78

Establece metas realistas 82

Los primeros pasos sencillos 84

La Pirámide de Peso Saludable de la Clínica Mayo 85

Densidad de energía: come más y pierde peso 88

Mantener un registro de alimentos 90

¿Cuáles son tus debilidades para la comida? 92

¿Cuál es tu rutina de alimentación? 93

Obstáculos en el camino: supera los contratiempos 94

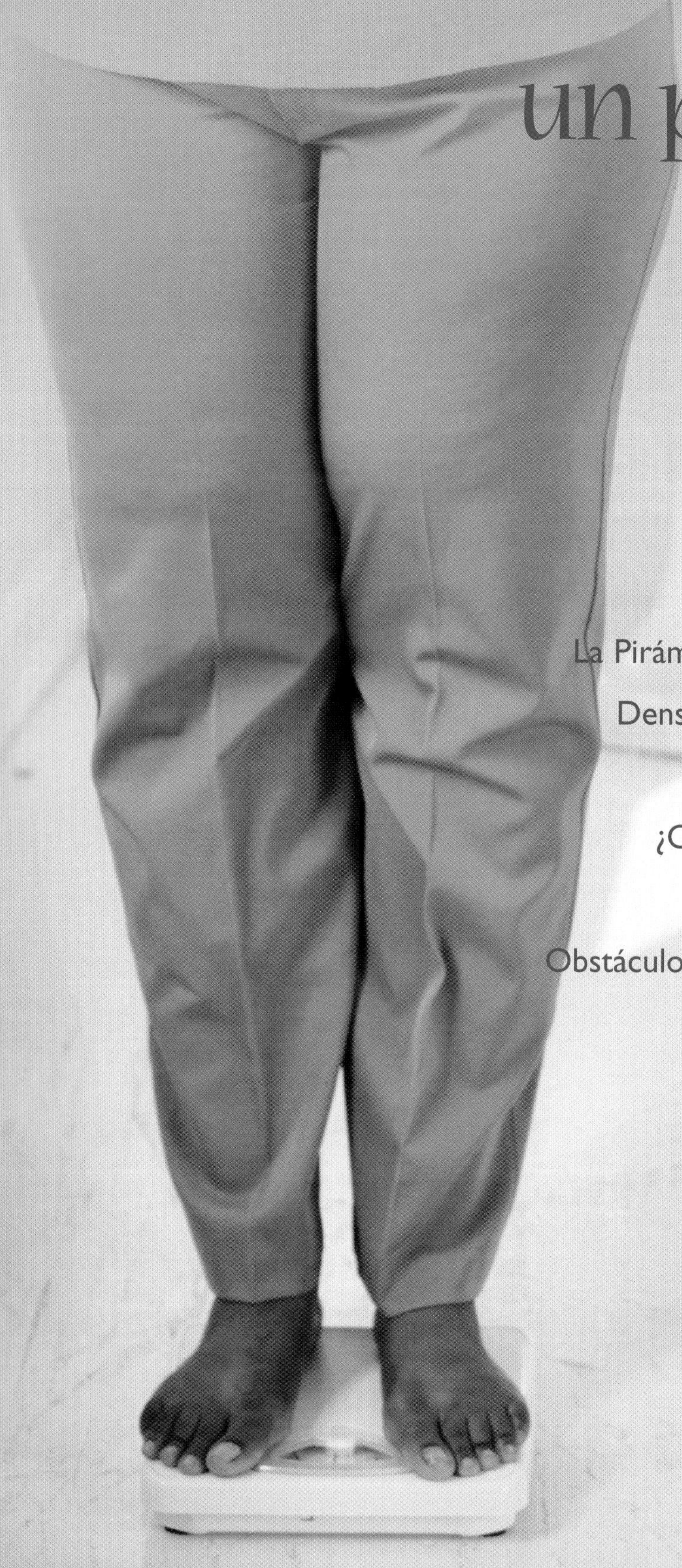

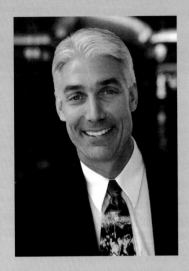

Donald Hensrud, M.D.
Medicina preventiva

La buena noticia es que bajar de peso puede revertir este proceso y el efecto puede ser inmediato. Con un par de días de perder peso, los valores de glucosa en sangre mejoran, algunas veces de manera sorprendente.

Los principales factores de riesgo para diabetes tipo 2 son historia familiar de diabetes, tener sobrepeso (en particular alrededor del abdomen), estilo de vida sedentario y dieta. De estos, el factor de riesgo más importante que tú puedes controlar es el peso corporal. Pero ten presente que la actividad física y la dieta también influyen en el peso. Como sabes bien, la razón principal por la que la prevalencia de diabetes está incrementando en Estados Unidos es que la cantidad de personas que tienen sobrepeso u obesidad está incrementando.

En lo que respecta a la diabetes, la hormona insulina es un factor clave —ayuda a disminuir el azúcar (glucosa) de la sangre al ayudar a transportar a la glucosa al interior de las células—. La forma en que el exceso de peso incrementa tu riesgo de diabetes es que, mientras ganas peso, la insulina no trabaja tan bien en tu cuerpo para disminuir la glucosa en sangre —tu cuerpo se convierte en resistente a los efectos de la insulina—. En un principio, tu cuerpo produce más insulina para vencer esta resistencia. Pero, al pasar el tiempo, tu cuerpo se vuelve aún más resistente a la insulina y no puede mantener el incremento de producción. Finalmente, los valores de glucosa en sangre empiezan a elevarse y desarrollas diabetes.

La buena noticia es que bajar de peso puede revertir este proceso y el efecto puede ser inmediato. Con un par de días de perder peso, los valores de glucosa en sangre mejoran, algunas veces de manera sorprendente. La mejor manera para perder peso es a través de cambios en el estilo de vida —cambiar lo que comes y cuánto comes y ser físicamente más activo—. En algunos casos, la diabetes puede ser revertida por completo y los valores de glucosa en sangre regresan a lo normal o casi normal.

Hay otras razones para cuidar tu peso. La diabetes incrementa tu riesgo de enfermedad en los ojos, enfermedad renal, daño a los nervios y en particular enfermedad del corazón. Los cambios positivos en el estilo de vida que produce la pérdida de peso disminuirán tu riesgo para estas condiciones. Además, la pérdida de peso puede ayudar a mejorar otras condiciones de salud relacionadas al sobrepeso, incluyendo tensión arterial alta, grasas (lípidos) en sangre anormales, apnea obstructiva del sueño, y otras. Finalmente, tan sólo comer mejor y hacer más ejercicio te ayudará a sentirte mejor.

Cuando haces cambios en tu dieta, es importante no sólo disminuir las calorías totales, sino elegir alimentos que son sanos, que tienen buen sabor y que son prácticos para comer todos los días. Comer saludable y mejorar tu peso son posibles si se hacen de la manera correcta con actitud positiva.

De manera similar, el ejercicio no tiene que ser tedioso. Muchas personas dicen que cuando son más activas, se sienten mejor. Incrementar la actividad física general durante el día es una estrategia efectiva para quemar calorías. Respecto al ejercicio, es mejor iniciar haciendo sólo un poco cada día, y poco a poco incrementar la cantidad y la intensidad en el tiempo.

Los hábitos saludables en el estilo de vida pueden darte una mejor oportunidad para tratar tu diabetes y prevenir complicaciones de salud. Sí, perder peso requiere trabajo –o más correctamente planeación–, pero las recompensas son grandes. Con la actitud correcta, ¡puedes divertirte y sentirte muy bien mientras agregas años a tu vida!

Tener sobrepeso es con mucho el mayor factor de riesgo para diabetes tipo 2. Una abrumadora mayoría de personas que desarrollan este tipo de diabetes tiene sobrepeso. En contraste, la mayoría de las personas con diabetes tipo 1 está en su peso ideal o debajo de él.

¿Por qué el peso es un factor tan importante en la diabetes tipo 2? Las grasas alteran la forma en que las células de tu cuerpo responden a la hormona insulina —hacen que las células se conviertan en resistentes a los efectos de la insulina, y esto reduce la cantidad de azúcar (glucosa en la sangre) que es transportada al interior de tus células—. Como resultado, más glucosa permanece en tu flujo sanguíneo, lo que incrementa tu nivel de glucosa en sangre.

La buena noticia es que puedes revertir este proceso. Al perder peso, tus células responden más a la insulina, y esto permite a la hormona hacer su trabajo. Para algunas personas con diabetes tipo 2, perder peso es lo único que necesitan para controlar su diabetes y regresar su glucosa en sangre a lo normal.

La cantidad de peso que necesitas perder para ver beneficios no tiene que ser extrema. Una pérdida modesta de 5 a 10% de tu peso puede disminuir tu nivel de glucosa en sangre, así como proporcionar muchos otros beneficios a la salud, como reducir tu tensión arterial y los niveles de colesterol en sangre.

Perder peso puede ser un desafío –como bien puedes saberlo–. Sin embargo, con actitud positiva y el consejo correcto, es un desafío que puedes lograr. Mientras creas hábitos más sanos, los kilos poco a poco empezarán a irse.

Antes de descubrir si tienes sobrepeso mediante estándares

¿Necesitas perder peso?

médicos, ten presente que muchas modelos de moda y celebridades están delgadas de manera poco realista, y no debes esperar parecerte a ellas. Tu meta es alcanzar un peso saludable —aquel que mejore tu control de glucosa en sangre y reduzca tu riesgo de otros problemas médicos—.

Para ver si pudieras beneficiarte de la pérdida de peso, considera estos tres factores: tu índice de masa corporal, tu circunferencia de cintura y tu historia médica personal y familiar.

Índice de masa corporal

El índice de masa corporal (IMC) es una medida basada en una fórmula que toma en cuenta tu peso y talla y determina si tienes un porcentaje saludable o no saludable de grasa corporal. Para calcular tu IMC, utiliza el cuadro de la página siguiente.

Un IMC debajo de 18.5 indica que estás bajo de peso, de 18.5 a 24.9 se consideran límites saludables, 25 a 29.9 indica sobrepeso y 30 o más significa que eres obeso.

El IMC es una guía útil, pero no es perfecta. Por ejemplo, el músculo pesa más que la grasa, y muchas personas muy musculosas y en forma física tienen IMC alto sin riesgos para la salud agregados.

Circunferencia de cintura

Otra forma para determinar si tienes un peso saludable es medir tu

circunferencia de la cintura. Si cargas la mayoría de tu peso alrededor de tu cintura o en la parte superior del cuerpo, tienes forma de manzana. Si cargas la mayor parte de tu grasa alrededor de la cadera y los muslos, tienes forma de pera.

De manera general, es mejor tener forma de pera que forma de manzana. Esto es porque el exceso de grasa alrededor de tu abdomen está relacionado con riesgos más grandes de enfermedades relacionadas con el peso, como la diabetes tipo 2 y las enfermedades del corazón.

Para determinar si estás cargando mucho peso alrededor de tu abdomen, mide la circunferencia de tu cintura en su punto más pequeño, casi siempre al nivel de tu ombligo. Si eres un hombre con una cintura mayor a 102 centímetros o una mujer con una cintura de más de 89 centímetros, tienes riesgo más alto de problemas de salud, en especial si tu IMC es de 25 o más.

Historia personal y familiar

Una evaluación de tu historia médica, junto con la de tu familia, es igual de importante para determinar si tu peso es saludable.

- ¿Tienes una condición de salud que se beneficiaría al perder peso? Para la mayoría de las personas con diabetes tipo 2, la respuesta a esta pregunta es sí.
- ¿Tienes historia familiar de enfermedades relacionadas con

el peso, como diabetes o tensión arterial alta?

- ¿Has ganado mucho peso desde que estuviste en la preparatoria? La ganancia de peso en la edad adulta está asociada con el incremento de riesgos para la salud.
- ¿Fumas cigarros, tomas más de dos copas de alcohol por día o vives con mucho estrés?

En combinación con estas conductas, el exceso de peso tiene mayores implicaciones para la salud.

Tus resultados

Si tu IMC indica que no tienes sobrepeso y no estás cargando demasiado peso alrededor de tu abdomen, es probable que no haya ventajas para tu salud si cambias tu peso. Tu peso es saludable.

Si tu IMC es de 25 a 29.9 y tu circunferencia de la cintura excede los lineamientos saludables, es probable que te beneficie perder unos kilos, en especial si contestaste sí a por lo menos una de las preguntas de salud personal y familiar hechas líneas arriba.

Discute tu peso con tu médico durante tu próxima revisión. Si tu IMC es 30 o más, perder peso puede mejorar tu salud general y reducir tu riesgo de contraer enfermedades serias relacionadas con el peso, incluyendo complicaciones de diabetes.

¿Cuál es tu IMC?

Para determinar tu índice de masa corporal (IMC), encuentra tu estatura en la columna de la izquierda. Continúa por el renglón hasta que encuentres la columna con el peso más cercano al tuyo. Busca en la parte alta de la columna tu IMC aproximado..

	Normal		Sobrepeso					Obesidad				
IMC	**19**	**24**	**25**	**26**	**27**	**28**	**29**	**30**	**35**	**40**	**45**	**50**
Estatura (m)						**Peso en kilogramos**						
1.47	41	51.8	53.6	55.8	58.1	60.3	62.1	64.4	75.2	86	96.8	107.6
1.50	42.3	53.6	55.8	57.6	59.9	62.1	64.4	66.6	77.9	89.1	99.9	111.2
1.52	43.7	55.4	57.6	59.9	62.1	64.4	66.6	68.9	80.6	91.8	103.5	114.8
1.55	45	57.2	59.4	61.7	64.4	66.6	68.9	71.1	83.3	95	107.1	118.8
1.57	46.8	59	61.2	63.9	66.2	68.9	71.1	73.8	86	98.1	110.7	122.9
1.60	48.2	60.8	63.5	65.7	68.4	71.1	73.4	76.1	88.7	101.3	114.3	126.9
1.63	49.5	63	65.3	68	70.7	73.4	76.1	78.3	91.8	104.4	117.9	131
1.65	51.3	64.8	67.5	70.2	72.9	75.6	78.3	81	94.5	108	121.5	135
1.68	53.1	66.6	69.8	72.5	75.2	77.9	80.6	83.7	97.2	111.2	125.1	139.1
1.70	54.5	68.9	71.6	74.7	77.4	80.1	83.3	86	100.4	114.8	129.1	143.6
1.73	56.3	71.1	73.8	77	79.7	82.8	85.5	88.7	103.1	117.9	132.8	147.6
1.75	57.6	72.9	76.1	79.2	81.9	85.1	88.2	91.4	106.2	121.5	136.8	152.1
1.78	59.4	75.2	78.3	81.5	84.6	87.8	90.9	94.1	109.4	125.1	140.9	156.6
1.80	61.2	77.4	80.6	83.7	86.9	90	93.6	96.8	112.5	128.7	144.9	161.1
1.83	63	79.7	82.8	86	89.6	92.7	95.9	99.5	116.1	132.3	149	165.6
1.85	64.8	81.9	85.1	88.7	91.8	95.4	98.6	102.2	119.3	135.9	153	170.1
1.88	66.6	82.8	87.3	90.9	94.5	98.1	101.3	104.9	122.4	140	157.5	175.1
1.90	68.4	86.4	90	93.6	97.2	100.8	104.4	108	125.6	143.6	161.5	179.6
1.93	70.2	88.7	93	95.9	99.5	103.5	107.1	110.7	129.2	147.6	166.1	184.5

Nota: asiáticos con IMC de 23 o más pueden tener riesgo elevado para problemas de salud.
Fuente: Institutos Nacionales de Salud, 1998

Evalúa tu disposición

Necesitas decidir si ahora es el momento correcto para iniciar un programa para perder peso. Está bien si no es así. Iniciarlo antes de que estés listo puede propiciar una falla. Pero no aplaces la fecha de inicio más de lo necesario, en especial si tu salud está en riesgo. Las preguntas de la página siguiente pueden ayudarte a tomar tu decisión.

Por qué la disposición es importante

Si vas a perder peso porque lo quieres –y no porque creas que es lo que se espera de ti– rápidamente apreciarás los beneficios que se obtienen al perder peso. Si tienes un sentimiento positivo acerca de muchas de tus respuestas, empieza tu programa para perder peso ahora. Mientras menos obstáculos tengas, es más probable que establezcas hábitos de alimentación sana y de buena forma física en lugar de hábitos no saludables.

Si no estás listo para empezar

Si no tienes la certeza respecto a muchas de las preguntas de la página siguiente, considera esperar mejores tiempos. Si decides empezar o esperar, revisa los obstáculos para perder peso y las posibles soluciones en las páginas 80 y 81.

Si no estás listo para empezar un programa para perder peso, platica con tu educador en diabetes y aporta ideas sobre cómo prepararte tú mismo. Por ejemplo:

- Si estás bajo mucho estrés, ¿te beneficiarías de un curso para controlar el estrés?
- Si estás en un momento emocional para ti, por cualquier razón, ¿dónde puedes obtener apoyo?
- Si una agenda frenética es el punto, ¿cómo puedes priorizar, recortar tu lista de tareas y darte tiempo para ti mismo?

Mira hacia delante

Establece una fecha para reevaluar tu disposición. Incluso si no estás listo para seguir adelante con todo, considera tomar los primeros y sencillos pasos (véase la página 84).

¿Estás listo?

1. **¿Qué tan motivado estás para perder peso?**
   a. Muy motivado
   b. Moderadamente motivado
   c. Algo motivado
   d. Poco o nada motivado

2. **Si consideras la cantidad de estrés que afecta tu vida en este momento, ¿qué tanto puedes concentrarte en perder peso y hacer cambios en tu estilo de vida?**
   a. Puedo concentrarme con facilidad
   b. Puedo concentrarme relativamente bien
   c. Incierto
   d. Puedo concentrarme poco o nada

3. **Es mejor perder peso a un promedio de 450 a 900 gramos por semana. ¿Qué tan realistas son tus expectativas acerca de qué tanto peso te gustaría perder y qué tan rápido quieres perderlo?**
   a. Muy realistas
   b. Moderadamente realistas
   c. Algo realistas
   d. Ligeramente o muy irrealistas

4. **Además de celebraciones especiales, ¿comes una gran cantidad de alimento rápidamente mientras sientes que tu alimentación está fuera de control?**
   a. No
   b. Sí

5. **Si contestaste sí a la pregunta previa, ¿qué tan a menudo has comido de esa manera durante el último año?**
   a. Alrededor de una vez al mes o menos
   b. Algunas veces al mes
   c. Alrededor de una vez a la semana
   d. Alrededor de tres veces a la semana o más

6. **¿Comes por razones emocionales, por ejemplo cuando te sientes ansioso, deprimido, enojado o solitario?**
   a. Nunca o raras veces
   b. En ocasiones
   c. Con frecuencia
   d. Siempre

7. **¿Qué tan confiable eres para poder hacer cambios en tus hábitos de alimentación y mantenerlos?**
   a. Muy confiable
   b. Moderadamente confiable
   c. Algo confiable
   d. Poco o nada confiable

8. **¿Qué tan confiable eres para poder ejercitarte varias veces a la semana?**
   a. Muy confiable
   b. Moderadamente confiable
   c. Algo confiable
   d. Poco o nada confiable,

Si la mayoría de tus respuestas son:
- **a y b,** probablemente estás listo para iniciar un programa para perder peso.
- **b y c,** considera si estás listo o si debes esperar y tomar medidas para prepararte tú mismo.
- **d,** es aconsejable que esperes para comenzar y tomes medidas para prepararte. Reevalúa tu disposición al poco tiempo.

Nota: si tu respuesta a la pregunta 5 fue b, c o d, discute esto con tu médico. Si tienes un trastorno alimenticio, es crucial que obtengas tratamiento apropiado.

Guía de acción para salvar los obstáculos para perder peso

Para perder peso —y mantener un peso saludable— necesitas identificar tus obstáculos para llevarlo a cabo y encontrar soluciones. Pon una marca en todos los obstáculos que se aplican en tu caso.

Obstáculos	Posibles soluciones
❏ Intenté perder peso antes, pero no funcionó. Por lo tanto no tengo mucha confianza en que funcionará esta vez.	► Establece expectativas realistas. ► Concéntrate en cambios de conducta más que en el número de kilogramos. ► Realiza cambios pequeños en tu estilo de vida para que no te rindas. ► Cuando tengas un desliz, inicia fresco el siguiente día. ► Anota obstáculos previos y estrategias para lidiar con ellos. ► Identifica qué te motivará para ser exitoso.
❏ A mi familia no le gusta que intente nuevas cosas, y es demasiado trabajo preparar dos comidas diferentes.	► Tómalo con calma. Realiza pocos cambios pequeños cada semana. ► Coloca fruta en un lugar visible y fácil de tomar. ► Prepara tu platillo favorito utilizando un método diferente, como pollo asado en vez de frito. ► Pregunta a miembros de tu familia qué alimentos sanos les gustaría probar. Dales varias opciones para que tengan más deseos de experimentar.
❏ No me gustan las verduras y frutas.	► Encuentra algunas que te gusten y cómelas más a menudo. ► Intenta comer verduras que nunca has comido. Agrégalas a tus sopas favoritas o reemplaza con verduras algo de la carne en guisados o pizzas. ► Agrega fruta fresca a tu cereal, y revuelve la fruta con yogurt o queso cottage de bajo contenido en grasa.
❏ No puedo resistir ciertos alimentos que no debería comer, como papas fritas y otra comida chatarra.	► Evita guardar alimentos chatarra en casa. ► Si no puedes resistir la urgencia, compra sólo una pequeña cantidad, como una porción individual. Tómala junto con tu comida. ► Primero come alimentos sanos, para que no tengas tanta hambre cuando comes tus favoritos. ► Intenta versiones más sanas, como totopos horneados en lugar de los regulares.
❏ Como cuando estoy estresado, deprimido o aburrido.	► En lugar de tus alimentos favoritos ricos en grasas y calorías, conserva alimentos sanos en tu casa. ► Intenta distraerte para no comer llamando a un amigo, haciendo una tarea o realizando una caminata. Intenta pensar positivamente. Por ejemplo, anota qué quieres alcanzar con la pérdida de peso.

Obstáculos	**Posibles soluciones**
❏ No tengo tiempo para preparar alimentos sanos.	► Hazlo sencillo. Por ejemplo, sirve una ensalada fresca con aderezo sin grasa, un panecillo de grano integral y una pieza de fruta. ► Detente en una tienda de abarrotes o en una de productos alimenticios de alta calidad y compra un sándwich saludable, sopa o plato principal que sean bajos en calorías y grasas.
❏ Cuando como fuera, me gusta comer mis alimentos favoritos	► Come sólo la mitad de tus alimentos favoritos y guarda la otra mitad para el día siguiente (pero, si cenas fuera a menudo, una alimentación saludable tiene que ser la norma). ► Si sabes que ingerirás calorías extras, incrementa tu ejercicio en el día.
❏ No me gusta ejercitarme.	► Recuerda que la actividad física –cualquier cosa que te mantenga en movimiento– también quema calorías. ► Elige actividades que disfrutes y varíalas. ► Ejercítate con un amigo o un grupo para que puedas socializar. ► Toma una clase o compra un video de ejercicios si necesitas de una estructura.
❏ Estoy muy cansado para ejercitarme.	► La actividad física regular aumenta la energía. Inicia con sólo 10 minutos de actividad –un poco es mejor que nada–. ► Ejercítate cuando tu energía esté en lo más alto, ya sea en la mañana, tarde o temprano en la noche. Coloca mensajes motivacionales donde puedas verlos a menudo.
❏ Estaba perdiendo peso lentamente, pero ahora ya no más, y no he cambiado mi dieta.	► Puedes haber llegado a una meseta. Considera reducir tu ingesta de calorías en 200 calorías, a menos que esto las disminuya mucho. ► Aumenta poco a poco tu tiempo de ejercicio de 15 a 30 minutos. Si es posible, también aumenta la intensidad. Sé más activo físicamente durante todo el día, como subir las escaleras en vez de usar el elevador en el trabajo.
❏ Otros obstáculos.	► Otras soluciones.

Establece metas realistas

Establece metas pone tus pensamientos en acción. Pero tu capacidad para alcanzar metas sobre tu peso está firmemente atada a qué tan realistas son tus expectativas. Las metas que son poco realistas o a muy largo plazo sólo te llevan a la frustración y a la decepción.

Incluye tanto metas de proceso como metas de resultado.

- Una meta de proceso mide actividades específicas. Por ejemplo, más que vislumbrar perder 10 kilos, comprométete a caminar 30 minutos diarios, cinco días a la semana.
- Una meta de resultado generalmente es a largo plazo y mide el resultado final, pero no cómo lograste el resultado –por ejemplo, una meta es perder 10 kilos–.

Sé INTELIGENTE con tus metas

Establece metas que sean: específicas, medibles, posibles, realistas y con tiempo específico.

Específicas

Establece con exactitud lo que quieres lograr, cómo lo vas a hacer y cuándo quieres lograrlo.

Medibles

Lleva la cuenta de tu progreso. Por ejemplo, si tu meta es comer más raciones de verduras y frutas, registra el número de tus raciones en un registro de alimento o diario de alimentos. Si tu meta es caminar 30 minutos al día o trotar cinco kilómetros al día, anota esto en un registro de ejercicio.

Posibles

Pregúntate si una meta es razonable antes de que la establezcas. ¿Estás dedicándole suficiente tiempo y recursos? Empieza lentamente y continúa hacia metas más grandes.

Realistas

Establece metas que estén dentro de tus posibilidades, y toma en cuenta tus limitaciones. ¿Es realista desear una talla de ropa que es más pequeña de la que nunca has tenido antes?

Tiempo específico

Es útil planear una serie de pequeñas metas que se apoyan una sobre otra en vez de una meta grande a largo plazo. Establecer y lograr metas a corto plazo ayuda a mantenerte motivado.

Recuerda

Comprométete y no mires demasiado lejos. ¿Qué puedes hacer hoy para hacer que este plan para perder peso te funcione?

Escribe tus metas

Trabaja con un educador en perder peso o en diabetes para trazar tus metas de proceso y resultados. Platica acerca de lo que ha funcionado y de lo que no funcionó bien en el pasado y por qué. ¿Tus metas fueron inteligentes? ¿Qué puedes hacer diferente en este momento?

Escribe tus metas iniciales y revísalas a menudo. Pero recuerda que tus metas pueden cambiar con el tiempo. Si es así, agrega tus nuevas metas.

Reevalúa y ajusta tus metas o tu plan

Cuando luchas con tu programa de peso, ten la voluntad de reevaluar y ajustar tus metas –o tu plan para lograrlas–. Puedes necesitar cambiar tus metas para que se ajusten mejor a tus necesidades. Platica con un educador en pérdida de peso o en diabetes. Asegúrate de que todas las metas sean tuyas y no de otros. Mantenlas realistas.

Recuerda, perderás peso. Y tu vida cambiará. Pero esto toma tiempo y compromiso.

¡Tienes el poder!

No te minimices —ni minimices esfuerzos—.

Reconoce tu éxito. Cuando lo haces bien y logras tus metas, felicítate por tu esfuerzo y autocontrol. No le des el crédito a tu programa de peso. Tú lo hiciste. El programa sólo te guió.

Recompénsate. Celebra el logro de metas tanto a corto como a largo plazo. Considera lo que ya has alcanzado –ya sea el cambio de dieta, ser más activo físicamente, disminuir una talla de ropa, o subir una escalera sin que te falte el aire–. Recompénsate con un día de viaje divertido o un nuevo CD, o simplemente date tiempo para relajarte.

Anímate. Si te sientes desalentado para continuar, anota por qué te sientes mejor como resultado de tu pérdida de peso hasta este punto. Mira cómo has triunfado al cambiar tus hábitos de alimentación y actividad. Puedes cosechar beneficios que nunca habías esperado.

Los primeros pasos sencillos

Estás deseoso de empezar a perder peso. Pero todavía no tienes tiempo para leer los detalles de un nuevo programa o te abruma la idea de un nuevo método y sólo quieres algunos sencillos primeros pasos. ¿Qué puedes hacer ahora?

Escoge uno o más de los pasos sencillos listado abajo para iniciar. Después de dos semanas, si estás listo, sigue adelante con el programa completo que inicia en la página 87 –y empieza a cosechar los beneficios–.

Qué haré	Cómo lo haré
Comeré más fruta cada día en vez de dulces.	• Pondré un tazón de fruta en casa para que sea fácil de tomar. • Comeré yogurt bajo en grasa con fruta. • Comeré fruta al inicio y final de las comidas.
Comeré más verduras cada día y comeré menos carne.	• Compraré vegetales listos para comer de un bocado, como jitomate cherry o zanahorias de cambray. • Comeré una ensalada con una variedad de vegetales coloridos en el almuerzo o en la cena. • Colocaré más vegetales y menos carne en mi plato.
Incrementaré mi actividad física en la mayoría de los días de la semana.	• Subiré por la escalera en vez de usar el elevador. • Me estacionaré más lejos de mi destino. • Andaré en bicicleta en vez de conducir mi auto. • Caminaré como primera actividad en la mañana o tan pronto como llegue a casa. • Caminaré a la hora del almuerzo con un colaborador.

Dulces
Hasta 75 calorías diarias

Grasas
3 a 5 raciones diarias

Proteínas / lácteos
3 a 7 raciones diarias

Carbohidratos
4 a 8 raciones diarias

Frutas
Ilimitadas
(mínimo tres)

Actividad física diaria

Verduras
Ilimitadas (mínimo cuatro)

Pirámide de Peso Saludable de la Clínica Mayo™

La Pirámide de Peso Saludable de la Clínica Mayo

El mismo plan de alimentación saludable para controlar tu glucosa en sangre también puede ayudarte a perder peso, tan pronto como pongas atención a la cantidad total de calorías que consumes cada día. Para muchas personas, simplemente reemplazar algunas raciones de grasas, productos lácteos o carne con verduras bajas en calorías, frutas y granos integrales, es suficiente para alcanzar su meta calórica.

Pequeños cambios también se suman. Por ejemplo, al cambiar de leche entera a leche sin grasa,

evitas 60 calorías por taza. Si tomas una taza de leche a diario, eso es 420 calorías a la semana. Con el tiempo, pasos sencillos pueden evitar muchas calorías.

La Clínica Mayo ha creado un método con sentido común para el control del peso que estimula decisiones inteligentes y conductas saludables apoyadas en los fundamentos de la Pirámide de Peso Saludable de la Clínica Mayo. En vez de una dieta que adoptas y abandonas, es un programa de estilo de vida para mejorar tu salud.

El método de la Clínica Mayo reconoce que la pérdida de peso exitosa a largo plazo necesita enfocarse en algo más que sólo los alimentos que comes y los kilos que pierdes. Necesita enfocarse en tu salud general y bienestar.

Un elemento clave de la Pirámide de Peso Saludable de la Clínica Mayo —mostrado en el centro de la pirámide— es incorporar la actividad física en tu rutina diaria. Leerás más acerca de la actividad física en el siguiente capítulo.

Grupos de alimentos: tus mejores opciones

He aquí una mirada a los grupos de alimentos que constituyen la Pirámide de Peso Saludable de la Clínica Mayo. Conserva en mente que el tamaño de las raciones es importante.

Verduras

Las verduras, una importante fuente nutricional, en su mayoría tienen bajo contenido de calorías y grasa y son ricas en fibra. Concéntrate en verduras frescas, pero las congeladas o enlatadas sin grasa o sal adicional están bien. Busca variedad.

Nota: las verduras con almidón, y ricas en calorías (como maíz, papas y calabaza) cuentan como carbohidratos.

Frutas

Prácticamente todos los tipos de fruta van bien en una dieta saludable. Pero las frutas enteras, frescas, congeladas y enlatadas sin azúcar agregada son mejores elecciones. Están llenas de nutrientes y fibra. Diferentes colores tienen diferentes nutrientes, por lo tanto varía las que comes. Limita los jugos de frutas y las frutas secas —tienen más calorías y satisfacen menos que las frutas enteras—.

Carbohidratos

La mayoría de los alimentos en este grupo son granos o están hechos de granos. Los granos enteros son mejores porque son más ricos en fibra y en otros nutrientes importantes. Los ejemplos incluyen cereal de grano integral, pan de trigo integral, pasta de trigo integral y hojuelas de avena. Busca el término *integral* como uno de los primeros ingredientes en la etiqueta.

Proteínas y derivados lácteos

La mejor elección en proteínas y derivados lácteos son los alimentos ricos en proteínas y con bajo contenido de grasa saturada y calorías, como leguminosas —frijoles, chícharos y lentejas, que también son buena fuente de fibra— pescado, carne blanca de ave sin piel, productos lácteos sin grasa y clara de huevo.

Grasas

Tu cuerpo necesita ciertos tipos de grasa para funcionar apropiadamente, pero las grasas saturadas y las grasas trans incrementan tu riesgo de enfermedad del corazón. Concéntrate en las grasas buenas (véase la página 43).

Dulces

Este grupo incluye caramelos, pasteles, galletas, pays, donas y otros postres, así como azúcar de mesa. La mayoría de estos alimentos son altos en calorías y grasa y no proveen nutrientes. Con los dulces mantén en mente esta frase: poco es maravilloso.

Meta calórica diaria para pérdida de peso saludable

Para perder peso, las siguientes metas calóricas diarias a menudo funcionan bien.

Peso	Meta calórica inicial	
Kilogramos	Mujeres	Hombres
113 o menos	1 200	1 400
114 a 136	1 400	1 600
137	1 600	1 800

Haz la pirámide a tu medida para cubrir tus necesidades

Utiliza la Pirámide de Peso Saludable de la Clínica Mayo de tal forma que se adapte de la mejor manera para tus necesidades. He aquí cómo puedes empezar:

1. **Determina tu meta de calorías.** Para perder peso, sigue tu meta de calorías diarias mostrada en la página 86, a menos que tu médico aconseje otra cosa. Si te sientes excepcionalmente hambriento con este nivel de calorías –a pesar de comer muchas verduras y frutas– o estás perdiendo peso más rápido de lo deseado, cámbiate al siguiente nivel de calorías.

   Menos de 1 200 calorías para mujeres y 1 400 calorías para hombres generalmente no se recomiendan —podrías no tener suficientes nutrientes—. Pero no te concentres tanto en las calorías como para perder de vista todo el panorama —adopta un estilo de vida más sano—.

2. **Determina el número de raciones.** Utiliza el cuadro de abajo para determinar el número de raciones a comer cada día. Come tantas verduras y frutas frescas o congeladas como desees —son bajas en calorías y están llenas de nutrientes—. Ajusta tus metas cuando sea necesario. Si, por ejemplo, no alcanzas tu meta de verduras el lunes, come verduras extra el martes.

3. **Aprende el tamaño de las raciones.** Muchas personas comen más de lo que deberían debido a que no saben cómo calcular el tamaño de una ración. Utiliza la guía visual de la página 49 para ayudarte a medir qué equivale a una ración.

4. **Lleva un registro diario de alimentos.** Esto ha ayudado a muchas personas a perder exitosamente el peso que no se desea. A lo largo del día registra qué alimentos comes, la cantidad, el número de raciones de cada uno y el grupo de alimentos al que pertenecen. O utiliza tu computadora para registrar esta información. ¿Demasiada información? Escribe un breve resumen cada día. Considera escribir tus pensamientos y sentimientos en un diario de alimentación.

5. **Incluye actividad física en tu día.** Ya sea informal, como una caminata, o ejercicio estructurado, muévete lo más que puedas durante el día. La clave para mantenerte físicamente activo es hacerlo cómodo.

Recomendaciones de raciones diarias para diferentes niveles calóricos

Grupos de alimentos	Meta calórica inicial				
	1 200	1 400	1 600	1 800	2 000
*Verduras**	4 o más	4 o más	5 o más	5 o más	5 o más
*Frutas**	3 o más	4 o más	5 o más	5 o más	5 o más
*Carbohidratos***	4	5	6	7	8
*Proteínas / lácteos***	3	4	5	6	7
*Grasas***	3	3	3	4	5
*Dulces***	75 calorías por día ➤				

* Las raciones de frutas y verduras son *mínimas* –come tantas como desees–.

** Las raciones recomendadas de carbohidratos, proteínas / lácteos, grasas y dulces son *máximas*.

Densidad de energía: come más y pierde peso

La Pirámide de Peso Saludable de la Clínica Mayo está basada en el concepto de densidad de energía.

He aquí cómo trabaja. Sentirse satisfecho está determinado por el volumen y peso de la comida –no por el número de calorías–. Si eliges alimentos con baja densidad de energía –pocas calorías por su masa– puedes comer más volumen pero consumir menos calorías debido a dos factores clave:

Agua

La mayoría de las verduras y frutas contienen mucha agua, que proveen volumen y peso pero pocas calorías. La mitad de una toronja grande, por ejemplo, tiene aproximadamente 90% de agua y sólo 50 calorías.

Fibra

El alto contenido de fibra en alimentos como las verduras, frutas y granos enteros provee masa a tu dieta, por lo que te sientes satisfecho más rápido. La fibra también toma más tiempo para digerirse, haciéndote sentir satisfecho más tiempo. Los adultos necesitan aproximadamente de 25 a 35 gramos de fibra por día, pero en promedio la mayoría de los adultos consume mucho menos. Incrementa tu ingestión de fibra de manera gradual mientras incrementas los líquidos en tu dieta.

La mayoría de los alimentos ricos en grasas, postres, caramelos y alimentos procesados tienen densidad de energía alta –por lo que un volumen pequeño tiene muchas calorías–. Si eliges tus alimentos con sabiduría, puedes comer más volumen pero menos calorías, como se muestra en estas comparaciones.

Almuerzo con alta densidad de energía

595 calorías

Hamburguesa con queso y tocino (hamburguesa gruesa)

Cena con alta densidad de energía

646 calorías

Espagueti (¾ de taza) con salsa de queso (¾ de taza)

Almuerzo con baja densidad de energía
556 calorías

Sándwich de pechuga de pavo asada (90 gramos) en pan de trigo integral con queso bajo en grasa (30 gramos), lechuga y jitomate, más una manzana, palitos de apio, sopa de verduras (una taza), galletas de grano integral y agua con una rodaja de limón

Cena con baja densidad de energía
622 calorías

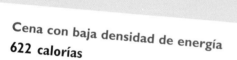

Espagueti de trigo integral (una taza) y salsa para espagueti sin grasa (una taza) cubierto con brócoli, pimientos, cebollas y calabacitas verdes, más un bollo de grano integral, ensalada (con una cucharadita de aderezo sin grasa), fresas (1 ½ tazas) cubiertas con yogurt de vainilla congelado sin grasa (½ taza) y agua con una rodaja de limón

Mantener un registro de alimentos

La mayoría de las personas subestima la cantidad de alimento que come por lo menos en 20%. Las investigaciones muestran que las personas que registran lo que comen cada día a menudo tienen más éxito al perder peso. Cuando recién inicias tu programa para perder peso, el registro diario de alimentos puede ayudarte a ver cuánto comes en realidad en un día y en dónde necesitas mejorar.

	Alimento*	Cantidad	Porción	Grupos de alimentos
Desayuno	Hojuelas de cereal de trigo integral, secas	1 taza	2	Carbohidratos
	Leche sin grasa	1 taza	1	Proteínas / lácteos
	Plátano	1 pequeño	1	Frutas
Botana	Naranja	1 mediana	1	Frutas
Almuerzo	Ensalada griega			
	-Espinaca	2 tazas	1	Verduras
	-Jitomate mediano	1	1	Verduras
	-Pimiento verde, pepino	½ de cada uno	1	Verduras
	-Aceite de oliva	2 cucharaditas	2	Grasas
	Pan, grano integral	1 rebanada	1	Carbohidratos
Botana	Manzana	1 pequeña	1	Frutas
Cena	Pescado (bacalao, salmón, atún)	90 gramos	1	Proteínas / lácteos
	Pasta (grano integral)	½ taza	1	Carbohidratos
	Salsa de tomate	¼ de taza	1	Verduras
	Ensalada			
	-Lechuga	2 tazas	1	Verduras
	-Jitomate cherry	8 jitomates	1	Verduras
	-Aderezo francés sin grasa	2 cucharaditas	1	Grasas
Botana	Fresas	1 ½ tazas	1	Frutas

* Bebidas sin calorías, como café negro, té helado sin endulzar o agua mineral, no cuentan.

Bebidas: ¿cuántas calorías estás bebiendo?

Aunque algunas bebidas, como jugo y leche, tienen nutrientes importantes, también contienen muchas calorías. Beber jugos bajos en calorías ("*Light*") o diluidos con agua o agua mineral puede ayudar a disminuir calorías. Pero la fruta entera, llena de fibra y nutrientes, es una mucho mejor elección y te satisface más. Para ayudarte a disminuir calorías en la leche y que aún conserves tu aporte de calcio, cambia a leche sin grasa o baja en grasa.

El agua es todavía la mejor elección cuando se trata de apagar la sed y cortar la urgencia de una botana. Intenta agua mineral si no te gusta el agua.

Calorías en bebidas comunes

Bebidas	Tamaño de la ración*	Promedio de calorías**
Agua	240 mililitros	0
Café	240 mililitros	2
Té, caliente o frío preparado con agua (sin endulzar)	240 mililitros	0-2
Té, helado (preendulzado con azúcar) listo para tomar	600 mililitros	150-240
Leche entera	240 mililitros	150-160
Leche, 2%	240 mililitros	120-140
Leche, 1%	240 mililitros	100-120
Leche sin grasa	240 mililitros	90-100
Jugo de frutas (100%, sin azúcar agregada), listo para tomar	240 mililitros	100-180
Bebidas de frutas	240 mililitros	100-150
Refresco normal	600 mililitros	205-315
Refresco de dieta (endulzado artificialmente)	600 mililitros	0-10
Cerveza normal (clara)***	360 mililitros	150-190
Cerveza *light* (baja en calorías)	360 mililitros	100-145
Vino	150 mililitros	120-130
Licor 80° (ginebra, ron, whisky, vodka)	45 mililitros	95-110

* El tamaño de las raciones varía.

** Las calorías pueden variar por marca.

*** La cerveza oscura puede tener hasta 220 calorías.

Cálculos basados en la Base Nacional de Datos de Nutrientes para Referencia Estándar del USDA, 2007, y en etiquetas de productos

¿Cuáles son tus debilidades para la comida?

¿Tu registro o tu diario de alimentos revelan algún mal hábito? Tal vez tu problema es tu debilidad por a algún alimento en particular, como helados o botanas saladas. O quizá tienes una necesidad compulsiva de dejar limpio tu plato.

Para ayudarte a tener éxito al perder peso, necesitas identificar los factores que te conducen a los malos hábitos. Toma unos minutos para pensar acerca de las debilidades en tu comida y revisa aquellos que apliquen para ti:

- **Hora del día.** ¿Hay ciertos momentos del día en los que estás más inclinado a comer?
- **Actividades.** Cuando ves televisión o lees, ¿siempre tienes alimento en las manos? ¿Comes rápido en tu escritorio mientras trabajas?
- **Alimentos.** ¿Qué y qué tanto comes? ¿Encuentras que ver u oler ciertos alimentos te tienta para comer de más?
- **Factores físicos.** Cuando estás cansado, ¿prefieres la comida chatarra para obtener energía? Si tienes dolor crónico, ¿utilizas la comida para distraerte del dolor?
- **Emociones.** ¿Ciertos sentimientos, como estrés, te llevan a botanear indefinidamente? ¿Cómo te sientes antes y después de comer? ¿Comes más cuando estás con ciertas personas? ¿Cuándo estás solo?

Controla tus debilidades

Mientras exploras soluciones, ten presentes estos consejos:

- Evita tener alimentos no saludables en casa o en el trabajo. Así, cuando tengas urgencia de comer, tomarás algo sano.
- Limita tu tiempo enfrente de la televisión. Mantén un vaso de agua cerca cuando estés viendo televisión o leyendo. Si te da hambre, come frutas y verduras. Ejercítate mientras ves televisión.
- Mantente físicamente activo para incrementar tu energía, y ten un descanso adecuado.
- Si vivir con dolor es tu problema, platica con tu médico acerca de estrategias para controlar el dolor.
- Haz algo para distraerte. Toma una caminata, escucha música o llama a un amigo. Obtén ayuda de otros si es necesario.

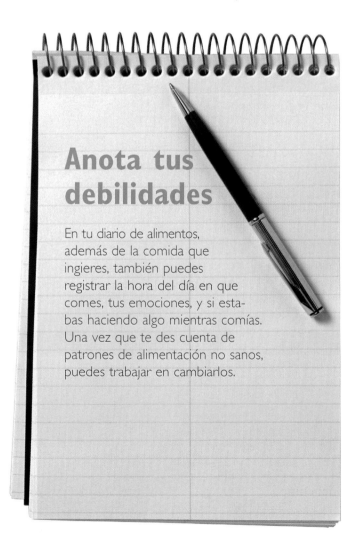

Anota tus debilidades

En tu diario de alimentos, además de la comida que ingieres, también puedes registrar la hora del día en que comes, tus emociones, y si estabas haciendo algo mientras comías. Una vez que te des cuenta de patrones de alimentación no sanos, puedes trabajar en cambiarlos.

¿Cuál es tu rutina de alimentación?

Mientras examinas tu conducta alimenticia e intentas identificar hábitos no sanos, es importante reflexionar sobre tu horario de alimentos. Contesta estas preguntas para ayudarte a evaluar si tu rutina de alimentos está ayudando o perjudicando tus esfuerzos para perder peso (la botana no se considera una comida).

1. ¿Cuántas comidas haces al día?
   a. Dos o menos
   b. Tres
   c. Cuatro
   d. Cinco o más

Comer sólo una o dos veces al día generalmente no es lo mejor, en especial si te saltas el desayuno o botaneas durante todo el día. Cuando botaneas quizá no pones atención a cuánto comes, y en momentos te sobrealimentarás. Establece como objetivo tres comidas planeadas, balanceadas cada día.

2. ¿Cuántas botanas entre comidas tienes cada día?
   a. Una o ninguna
   b. Dos
   c. Tres
   d. Cuatro o más

Botanear entre comidas para quitar el hambre está bien mientras comas algo sano. Recuerda, puedes comer cantidades ilimitadas de verduras y frutas. Sin embargo, las botanas no deben tomar el lugar de alimentos sanos y balanceados.

3. ¿En dónde tomas tus alimentos más a menudo?
   a. En la mesa de la cocina o en la mesa del comedor

   b. En la barra de la cocina
   c. En otro cuarto de la casa
   d. En el camino, como en tu auto o en la oficina

Adquiere el hábito de tomar tus alimentos en la mesa de la cocina o la mesa del comedor. La hora de la comida debe ser un momento para relajarte y no para estar apresurado o distraído.

4. ¿Qué haces mientras estás comiendo?
   a. Ver una película o la televisión
   b. Leer
   c. Preparar la comida
   d. Te sientas en la mesa y te concentras en comer

Comer mientras haces otras cosas puede distraerte y conducirte a comer más calorías de las que pretendes. Puedes incluso empezar a sentir la necesidad de comer cuando haces estas actividades. Rompe el vínculo —disfruta tu comida sin distracciones±.

5. ¿En general cuánto tiempo te lleva comer tus alimentos?
   a. Menos de cinco minutos
   b. Cinco a 10 minutos
   c. 10 a 20 minutos
   d. 20 minutos o más

Mientras más tiempo te lleve tomar tus alimentos, más tiempo tiene tu cerebro para registrar que está satisfecho. Comer demasiado rápido crea un retraso: te sobrealimentas antes de que empieces a sentirte satisfecho. Frénate. Probablemente comerás menos y disfrutarás más la experiencia.

Obstáculos en el camino: supera los contratiempos

Es inevitable que tendrás contratiempos y está bien, pero no los utilices como una excusa para abandonar tus metas de alimentación. En vez de eso, simplemente continúa con tu plan. Si comiste un sabroso postre que no tenías planeado, piensa acerca de qué te impulsó a hacer eso e intenta aprender de ello.

Regresar al camino

Utiliza los siguientes consejos para ayudarte a regresar al camino:

Hazte cargo

Acepta con responsabilidad tu propia conducta. Recuerda que al final sólo tú puedes ayudarte a perder peso.

Evita situaciones de riesgo

Si los bufetes en los que puedes comer todo lo que desees son demasiado tentadores, evítalos –por lo menos hasta que sientas más el control de tu nueva conducta alimenticia–.

Piénsalo de principio a fin

Si estás tentado a saborear un viejo alimento favorito, primero pregúntate si realmente tienes hambre. Probablemente es sólo un antojo y quizá puedas convencerte de no hacerlo. De no ser así, espera algunos minutos y ve si el deseo pasó. O intenta distraerte de tu urgencia por comer —llama a un amigo o saca a pasear al perro—. Si el deseo todavía no pasa, en su lugar toma un vaso de agua y una pieza de fruta.

Sé amable contigo mismo

Practica el autoperdón. No permitas que tus autopláticas negativas ("¡lo eché a perder!") te impidan regresar a la senda de tus metas alimenticias. Trata de no pensar en tus fallas como una catástrofe. Recuerda que los errores suceden y que cada día es una oportunidad para empezar de nuevo.

Solicita y acepta ayuda

Aceptar ayuda de otros no es un signo de debilidad, ni significa que estás fallando. Solicitar ayuda es un signo de buen juicio. Necesitas ayuda de otros que te ayuden a mantenerte en el camino.

Encuentra formas sanas de lidiar con el estrés

Hay muchas estrategias de autoayuda para lidiar con el estrés. Quizá necesites manejar mejor tu tiempo o aprender a decir no si tu agenda está saturada. Quizá te convenga aprender técnicas de relajamiento, como respiración profunda o meditación. Asegúrate de dormir lo suficiente y dejar por lo menos una noche cada semana para la recreación. Ve a nadar o a jugar golf con amigos. También puedes considerar tomar clases de control del estrés. No temas buscar ayuda profesional si es necesario.

Planea tu estrategia

Identifica con claridad el problema, y después crea una lista de posibles soluciones. Intenta una solución. Si funciona, tienes una estrategia para prevenir otro desliz. Si no funciona, intenta la siguiente solución, y sigue intentando hasta que encuentres una que funcione.

Reevalúa tus metas

Tus metas para perder peso pueden cambiar con el tiempo. Revísalas periódicamente y asegúrate de que aún sean realistas. Cámbialas cuando sea necesario. Recuerda, la pérdida de peso saludable se consigue poco a poco —450 a 900 gramos por semana—.

Aunque los deslices son decepcionantes, pueden ayudarte a aprender a mantener tus metas realistas, qué situaciones de alto riesgo evitar o qué estrategias no funcionan para ti.

Sobre todo, date cuenta de que tú no eres una falla. Regresar a viejas conductas no significa que toda la esperanza esté perdida. Sólo significa que necesitas reforzar tu motivación, volver a comprometerte tu programa y regresar a conductas sanas.

Hábitos de por vida

Toma tiempo y refuerzos regulares para que tus nuevas conductas de salud se conviertan en hábitos. Con el tiempo sabrás cómo identificar alimentos sanos, determinar una ración y calcular cuántas raciones necesitas. También esfuérzate por hacer de la actividad física y el ejercicio una rutina diaria. Una vez que se convierten en hábitos, estás en el camino para mantener un peso saludable de por vida.

Utiliza lo que funciona

Si estás a favor del uso de computadoras, asistentes personales digitales (APD) u otras herramientas tecnológicas, utilízalas a tu favor. Utiliza cualquier instrumento o funciones –registros, memorias o alarmas– que te ayuden a conseguir tus metas.

Capítulo 5

Adquiere más actividad

Actividad física *vs.* ejercicio   98

La condición física es esencial para tu salud   99

Crea un plan personal de acondicionamiento físico   101

Vence los obstáculos para realizar tu ejercicio   104

Ejercicio aeróbico   106

Caminar para mejorar la salud   107

Ejercicios de estiramiento   111

Ejercicios de fuerza   113

¿Qué tanto ejercicio?   115

Ejercicio y vigilancia constante   116

Adquirir y mantener la motivación   117

Paula Ricke
Especialista en ejercicio,
Centro para Vivir Saludable
Dan Abraham

> " *Las investigacio-
> nes muestran que
> la actividad física es
> importante en lo que
> se refiere al control
> de la diabetes. La
> actividad física puede
> ayudar a disminuir tu
> azúcar (glucosa) de la
> sangre así como mejo-
> rar la capacidad de tu
> cuerpo para utilizar la
> insulina.* "

Puedes haberlo escuchado antes, y es verdad. Las investigaciones muestran que la actividad física es importante en lo que se refiere al control de la diabetes. La actividad física puede ayudar a disminuir tu azúcar (glucosa) de la sangre así como mejorar la capacidad de tu cuerpo para utilizar la insulina. Existen otros numerosos beneficios, como ayudar con la pérdida de peso, reducir los niveles de estrés, disminuir el riesgo de enfermedad del corazón o de evento vascular cerebral, y muchos más.

Si estás pensando, "eso suena grandioso, pero no tengo tiempo para estar activo", no eres el único. El tiempo es el obstáculo número uno para estar físicamente activo. Estar sano y en forma física no significa horas de actividad cada día; simplemente significa moverse más. Encuentra formas sencillas de realizar actividad en tu día. Intenta caminar mientras hablas por teléfono, jugar con tus niños, cargar tus propias compras o moverte durante los cortes comerciales. Sé creativo y haz lo que funcione para ti.

En combinación con la actividad física diaria, piensa cómo incluir actividad aeróbica. La actividad aeróbica es una sesión de actividad planeada en la que la frecuencia cardiaca está elevada. Algunos ejemplos son caminar a un paso moderado o nadar. Tu meta es realizar 30 minutos de actividad física por lo menos cinco días a la semana. La actividad no tiene que ser de 30 minutos consecutivos para ser benéfica. Tres periodos de 10 minutos de actividad espaciados a lo largo de tu día te proporcionarán el mismo beneficio.

El primer paso es el más difícil y, si estás leyendo esto, ya haz empezado a dar el primer paso. Bien por ti. Después, hazte estas dos preguntas: ¿qué puedo hacer para estar físicamente activo hoy? ¿Para qué estoy listo? Contesta estas preguntas y llena el espacio en blanco: hoy haré _____ para estar activo. Nadie puede decirte lo que es mejor para ti; solo tú puedes determinar eso. Empieza despacio y hazlo un día a la vez.

Una forma para ayudar a asegurar tu éxito es escribir metas inteligentes. Las metas inteligentes son específicas, medibles, posibles, realistas y con tiempo específico. Si tu meta es caminar tres veces a la semana, eso es bueno, pero ¿cómo vas a lograr esta meta? Ajusta tu meta diciendo, "voy a caminar el tramo afuera de mi oficina durante 30 minutos a la hora de mi almuerzo, martes, jueves y viernes". Haz creado una meta inteligente. La clave es hacer de tus metas un reto asequible y evitar el pensamiento de todo o nada.

Habla con tu médico antes de iniciar un programa de actividad física. Pregunta si hay necesidad de cambiar algún medicamento, qué tan a menudo debes revisar tu glucosa en sangre y si hay ejercicios que debas evitar de acuerdo con los antecedentes de tu historia de salud. Una vez que te has puesto de acuerdo con tu equipo de salud, estás listo para ponerte en marcha.

En este capítulo aprenderás más acerca de los beneficios de estar físicamente activo en el cuidado de la diabetes, cómo iniciar un programa de actividad así como otros consejos que te ayudarán a incrementar tu éxito personal. Recuerda, estar físicamente activo y cuidarte a ti mismo son benéficos para ti. Tomar tiempo para estar sano no es egoísta, simplemente es un deber. Toma tiempo para escribir tus metas y para desarrollar hoy tu plan de actividad física. Tu cuerpo te lo agradecerá.

Nuestros cuerpos están diseñados para moverse, aun si la sociedad moderna facilita hacer cualquier cosa menos eso. Puedes sentarte en un escritorio todo el día y después llegar a casa a ver televisión o subir tus pies y leer.

Se requiere un esfuerzo especial para incorporar ejercicio y otras actividades físicas a tu día. Pero ese esfuerzo trae una gran cantidad de beneficios para la salud —en especial si tienes diabetes—.

La información en este capítulo puede ayudar a iniciarte en el camino hacia una vida más activa. No tienes que esforzarte exageradamente para cosechar los beneficios. Incrementar la actividad física y una cantidad moderada de ejercicio pueden mejorar tu forma física y ayudar a controlar tu diabetes.

Actividad física *vs.* ejercicio

La actividad física se refiere a cualquier movimiento de tu cuerpo que queme calorías, como cortar el pasto, hacer las labores domésticas o subir escaleras.

El ejercicio es una forma más estructurada de actividad física. Involucra una serie de movimientos repetidos diseñados para fortalecer o desarrollar alguna parte de tu cuerpo o mejorar tu condición cardiovascular. El ejercicio incluye caminar, nadar, andar en bicicleta y muchas otras actividades.

Ya sea que te estés ejercitando o estés realizando otro tipo de actividad física, vigila tu nivel de azúcar (glucosa) en sangre y ajusta tus medicamentos para que tu glucosa no disminuya demasiado.

Todo movimiento cuenta

El ejercicio regular otorga las mejores recompensas para tus esfuerzos, pero también puedes disfrutar los beneficios de la salud tan sólo con moverte más durante el día.

La actividad física regular también ayuda a disminuir tu glucosa en sangre, así como tu colesterol en sangre y la tensión arterial.

Busca formas de incorporar más actividad física en tu día:

- Sube las escaleras en vez de usar el elevador.
- Estaciónate más lejos de tu trabajo y camina.
- Lava tu auto en vez de llevarlo al centro de lavado.
- Camina o anda en bicicleta distancias cortas en vez de manejar.
- Realiza caminatas con tu familia para explorar tu vecindario.
- Pasea a tu perro más a menudo.
- Barre los pisos, patio y banqueta todos los días.
- Trabaja en tu jardín.
- Levántate a cambiar los canales de la televisión en vez de utilizar el control remoto.

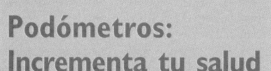

Podómetros: Incrementa tu salud

Si necesitas motivación para ponerte en movimiento, considera comprar un podómetro. Este instrumento pequeño y barato detecta el movimiento del cuerpo, cuenta los pasos y muestra el número en una pequeña pantalla. Muchos podómetros tienen funciones adicionales.

Establece tus metas para el podómetro con base en tu nivel de acondicionamiento físico y registra tu progreso. De manera gradual incrementa tu actividad a por lo menos 10 000 pasos al día.

Elige un podómetro que:
- Sea sencillo de usar y fácil de leer
- Pueda ser leído con luz natural y artificial
- Sea ligero y se acomode a tu ropa
- Tenga un clip fuerte y una cinta de seguridad para que no lo pierdas

Ten presente que un podómetro puede registrar otros movimientos que haces (no sólo caminar) como pasos dados, presentando una cuenta total un poco alta al final del día.

La condición física es esencial para tu salud

Al incrementar tu actividad física diaria y realizar una cantidad moderada de ejercicio, puedes mejorar de manera significativa tu salud y bienestar.

Entre otros beneficios, la actividad física regular puede ayudar a prevenir o manejar:

- Diabetes
- Enfermedad arterial coronaria
- Presión arterial alta
- Evento vascular cerebral
- Osteoporosis
- Cáncer de colon
- Depresión

Puede sonar simplista, pero 30 minutos de actividad física al día pueden hacerte muchísimo bien. Aun si realizas 10 minutos de actividad física tres veces al día, obtendrás beneficios para la salud.

¡Puedes hacerlo!

Si piensas que la actividad física y el ejercicio son difíciles porque no tienes tiempo, inicia poco a poco. Obtén más actividad física con actividades comunes, como tareas domésticas, pasear al perro, lavar tu auto o barrer tu jardín.

Si tienes problemas de salud, sé creativo. La investigación médica muestra que la actividad física es segura y benéfica para personas con artritis, osteoporosis y otras condiciones crónicas. De hecho, la falta de actividad física y de ejercicio puede empeorar tu condición –o por lo menos hace más difícil vivir con ella–.

Si tienes artritis, por ejemplo, considera hacer ejercicios en el agua. Pregunta a tu médico o terapeuta físico qué puede funcionar mejor para ti. Iniciar un programa de acondicionamiento físico es una decisión importante, pero no tiene por qué ser abrumadora. Al planear con cuidado y llevar tu propio ritmo, puedes establecer un hábito de salud que dure toda la vida.

¿Qué tanta condición física tienes?

Para evaluar qué tanta condición física tienes, marca con un círculo el valor del punto (1, 2 o 3) para cada pregunta. Suma los puntos.

¿Tienes suficiente energía para hacer las cosas que te gusta hacer?
1. Rara vez o nunca
2. Algunas veces
3. Siempre o la mayoría de las veces

¿Tienes suficiente energía y fuerza para realizar las tareas diarias de tu vida?
1. Rara vez o nunca
2. Algunas veces
3. Siempre o la mayoría de las veces

¿Puedes caminar 1.5 kilómetros sin que te falte el aire o sentirte fatigado?
1. No
2. A veces
3. Sí

¿Puedes subir dos pisos de escalera sin sentir que te falta el aire o sentirte fatigado?
1. No
2. A veces
3. Sí

¿Puedes realizar cinco lagartijas antes de tener la necesidad de detenerte para descansar?
1. No
2. A veces
3. Sí

¿Puedes tocar la punta de tus pies si estás de pie?
1. No
2. A veces
3. Sí

¿Puedes mantener una conversación mientras realizas actividades de intensidad leve a moderada, como una caminata enérgica?
1. No
2. A veces
3. Sí

¿Más o menos cuántos días a la semana realizas por lo menos 30 minutos de actividad moderadamente vigorosa, como caminar a campo traviesa o andar en bicicleta?
1. Dos días o menos
2. Tres o cuatro días
3. De cinco a siete días

¿Más o menos cuántos días a la semana realizas por lo menos 20 minutos de actividad vigorosa, como trotar, participar en una clase de aeróbicos o jugar tenis individual?
1. Ninguno
2. De uno a tres días
3. Cuatro o más días

¿Más o menos cuántos minutos caminas durante el día, incluyendo labores domésticas, caminar de tu auto a tu oficina o a la tienda, o realizar tareas en el trabajo?
1. Menos de 30 minutos
2. De 30 a 60 minutos
3. Más de 60 minutos

TU PUNTUACIÓN TOTAL:
Revisa la página siguiente para conocer tus resultados.

Crea un plan personal de acondicionamiento físico

El reto para cualquier plan de acondicionamiento físico es crear un plan que sea variado y animado —uno que se convierta en un hábito saludable y divertido durante toda tu vida—. Eso significa crear tu propio plan personal y recibir beneficios de salud.

Entre más pronto inicies, menos necesitarás preocuparte más tarde. Para que un programa de acondicionamiento físico funcione, es importante:

- Evaluar tu condición física
- Buscar motivación
- Mantenerte físicamente activo
- Elegir actividades que disfrutes
- Planear tu rutina de ejercicio
- Hacerla variada

Haz que la actividad de acondicionamiento físico sea una prioridad en tu agenda. Y recuerda, cualquier movimiento cuenta. Haz cosas que disfrutes. Baila, anda en bicicleta o toma una caminata rápida en un camino en el parque. Realiza ejercicio en casa utilizando un CD de acondicionamiento físico.

Obtén motivación

Para la mayoría de la gente, iniciar un programa de acondicionamiento físico es el paso más difícil. Inicia creando un plan de acción.

- Reconoce qué te motiva y qué no. ¿Qué puedes hacer diferente esta vez que te ayude a tener éxito? ¿Qué éxitos anteriores has tenido?
- Solicita ayuda. ¿Con quién te puedes ejercitar o quién puede ayudarte de otras maneras?
- Concéntrate en el proceso y toma pequeños pasos. Establece metas realistas posibles. Evalúalas y cámbialas si es necesario.
- Registra tu progreso. Anota tus avances a medida que pasa el tiempo.

Manténte motivado

Para continuar comprometido con tu plan:

- **Amplía tu definición de actividad de acondicionamiento físico.** No sólo es ejercitar en el gimnasio, es cualquier actividad física.
- **Experimenta y encuentra actividades de acondicionamiento físico que disfrutes.** Es más probable que te apegues a tu plan de acondicionamiento físico si es divertido hacerlo.
- **Establece un compromiso y no veas demasiado lejos.** ¿Qué puedes hacer hoy para que este plan de acondicionamiento físico funcione para ti?
- **Practica hablarte positivamente.** Hablarte de manera positiva puede aumentar tu energía, motivación y actitud positiva, mientras que hablarte negativamente te carga de reproches y ansiedad. Crea conciencia de lo que te estás diciendo y hazlo más positivo. Por ejemplo, en vez de decirte "estoy muy cansado para ejercitarme", di "me voy a sentir con más energía después de ejercitarme".

¿Cuál fue tu puntuación?
(Viene de la página 100)

- **10 a 19 puntos.** Para beneficios del acondicionamiento físico y la salud, busca la forma de tener 30 minutos o más de actividad física la mayoría de los días, aun si son sólo 10 minutos cada vez.
- **20 a 25 puntos.** Estás en el camino correcto, pero tu nivel de actividad podría ser estimulado. Busca las formas de agregar más actividad a tu día o incrementar la intensidad.
- **26 a 30 puntos.** ¡Bien hecho! Estás bien en tu camino para mantener el acondicionamiento físico general. ¡Mantén el buen trabajo!

Mantén la actividad física

La clave para mantenerte físicamente activo es hacerlo cómodo. Intenta estos consejos:

Aprovecha la mayor parte de tu tiempo en casa

Para mantenerte físicamente activo dentro de tu hogar:

- **Levántate temprano.** Levántate 30 minutos más temprano de lo normal y utiliza el tiempo extra para ejercitarte en la caminadora o realizar una caminata rápida alrededor del vecindario.
- **Haz que las tareas domésticas cuenten.** Trapea el piso, lava la tina, corta el pasto con una cortadora manual o realiza otras tareas con un ritmo suficientemente rápido para hacer que tu corazón bombee más.
- **Permanece activo mientras ves televisión.** Utiliza pesas manuales, usa la bicicleta fija o realiza una rutina de estiramiento durante tus programas favoritos.
- **Involucra a toda la familia.** Realicen caminatas en grupo antes o después de la cena. Jueguen a atrapar la pelota. Anden en bicicleta.
- **Involucra a tu perro.** Realiza caminatas diarias con tu perro; si no tienes, ofrece pasear al perro de tu vecino.

Entrénate en el trabajo

Para mantenerte más activo físicamente mientras estás en el trabajo:

- **Agenda la actividad física como una cita.** No cambies tus planes de actividad física a menos que sea necesario hacerlo –esto es importante para tu salud–.
- **Aprovecha tu viaje al trabajo.** Camina o ve en bicicleta a tu trabajo. Si tomas el camión, bájate unas cuadras antes y camina el resto.
- **Sube las escaleras.** Si tienes una reunión en otro piso, no uses el elevador por unos cuantos pisos y utiliza la escalera. Todavía mejor, evita por completo el elevador.
- **Toma recesos para acondicionamiento físico.** Mejor que rondar por el salón y tomar café o una botana, realiza una caminata corta.
- **Inicia un grupo de caminata a la hora del almuerzo con tus colaboradores.** La rutina regular y el apoyo de tus colaboradores pueden ayudar a apegarte a tu programa.
- **Si viajas por trabajo, mantente físicamente activo.** Elige un hotel con área para el acondicionamiento físico o tan sólo sal y camina cuando tengas tiempo.

Elige actividades que disfrutes

El ejercicio es más divertido cuando disfrutas lo que estás haciendo. Ve todas las opciones disponibles para ti. ¿Qué te gustaría hacer o qué te gustaría aprender?

Individual

Podrías disfrutar estas actividades si estás buscando ser activo por ti mismo:

Aeróbicos
Bicicleta: fija o en movimiento
Canotaje, kayak o remo
Caminar a campo traviesa o caminar
Trotar o correr
Saltar la cuerda
Pilates
Patinar: hielo o en ruedas
Esquiar: de fondo, alpino
    o en esquiadora
Caminar en la nieve
    con raquetas
Nadar
Levantar pesas
Yoga

Con un amigo

Intenta cualquiera de las actividades de la columna de la izquierda con un amigo, o puedes considerar:

Bádminton
Bailar
Golf con disco
Golf
Atrapar pelota
Lanzar disco
Racquetbol
Squash
    Ping-pong
        Bicicleta en tándem
        Tenis
            Juegos de video que requieran
                actividad física

Una clase

Para una manera más estructurada intenta una clase de:

Aeróbicos
Baile
Jazz
Kickboxing
Artes marciales
Pilates
Rapel
Spinning (Bicicleta bajo techo)
Tai chi
Aeróbicos en agua
Yoga:

Un equipo

La camaradería de un equipo deportivo puede ayudar a mantenerte motivado:

Béisbol
Básquetbol
Boliche
Fútbol americano
Hockey: pasto o hielo
Lacrosse
Rugby
Fútbol soccer
Softbol
Tenis
Lanzar disco
Voleibol

Vence los obstáculos para realizar tu ejercicio

Iniciar una rutina de ejercicio puede ser difícil. Pero si quieres conservarte sano, tienes que vencer esos obstáculos que están impidiendo que hagas del ejercicio un hábito diario.

Obstáculo	Posibles soluciones
Falta de tiempo	• Divide la actividad en periodos más cortos, como caminatas de 10 minutos. • Identifica lo que te hace perder tiempo, como ver televisión. • Agenda el ejercicio en tu rutina diaria. • Reestructura tu concepto de ejercicio para incluir actividades cotidianas.
Aburrimiento	• Cambia tu rutina ocasionalmente. • Realiza una diversidad de actividades, más que una o dos. • Ejercítate con un amigo o en grupo. • Únete a un club de salud o toma una clase de acondicionamiento físico. • Escucha música o ve televisión mientras te entrenas. • Desafíate con nuevas metas. • Consigue un nuevo instrumento o equipo.
Inconveniencia	• Ejercita en casa más que en un club. • Elige actividades que requieran equipo o instrumental mínimos. • Incorpora la actividad física a tu rutina diaria. • Elije actividades que no dependan de buen clima o luz de día.
Edad	• Nunca eres muy viejo para ejercitarte. El ejercicio aporta beneficios a todas las edades. Puede prevenir, retrasar o mejorar enfermedades cuando envejeces.
Obesidad	• Los atletas pueden parecer delgados, cuidados y con buen tono. Pero si miras alrededor, verás que poca gente que se ejercita tiene un cuerpo perfecto. Los caminantes, ciclistas y golfistas tienen cuerpos de todas formas y tamaños.
Lesión	• Calienta y enfría cuando te ejercites. • Habla con tu médico acerca del ejercicio apropiado para tu edad, condición física, habilidad y estado de salud. • Elige actividades de bajo riesgo. • Usa el equipo apropiado y vístete de acuerdo con las condiciones del clima.

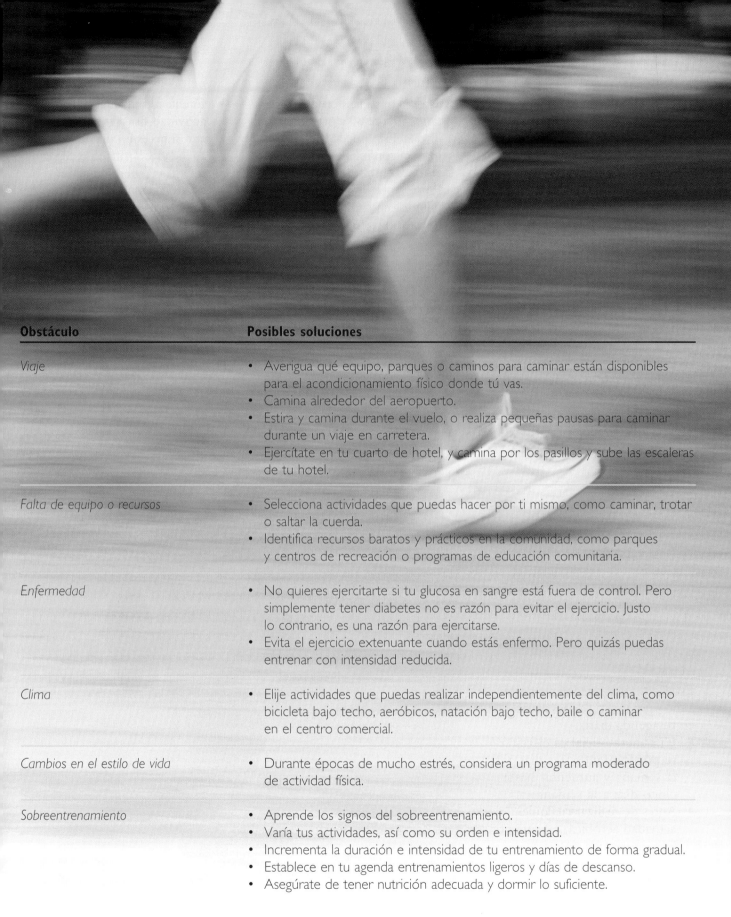

Obstáculo	Posibles soluciones
Viaje	• Averigua qué equipo, parques o caminos para caminar están disponibles para el acondicionamiento físico donde tú vas. • Camina alrededor del aeropuerto. • Estira y camina durante el vuelo, o realiza pequeñas pausas para caminar durante un viaje en carretera. • Ejercítate en tu cuarto de hotel, y camina por los pasillos y sube las escaleras de tu hotel.
Falta de equipo o recursos	• Selecciona actividades que puedas hacer por ti mismo, como caminar, trotar o saltar la cuerda. • Identifica recursos baratos y prácticos en la comunidad, como parques y centros de recreación o programas de educación comunitaria.
Enfermedad	• No quieres ejercitarte si tu glucosa en sangre está fuera de control. Pero simplemente tener diabetes no es razón para evitar el ejercicio. Justo lo contrario, es una razón para ejercitarse. • Evita el ejercicio extenuante cuando estás enfermo. Pero quizás puedas entrenar con intensidad reducida.
Clima	• Elije actividades que puedas realizar independientemente del clima, como bicicleta bajo techo, aeróbicos, natación bajo techo, baile o caminar en el centro comercial.
Cambios en el estilo de vida	• Durante épocas de mucho estrés, considera un programa moderado de actividad física.
Sobreentrenamiento	• Aprende los signos del sobreentrenamiento. • Varía tus actividades, así como su orden e intensidad. • Incrementa la duración e intensidad de tu entrenamiento de forma gradual. • Establece en tu agenda entrenamientos ligeros y días de descanso. • Asegúrate de tener nutrición adecuada y dormir lo suficiente.

Ejercicio aeróbico

El ejercicio aeróbico mejora la salud de tu corazón, pulmones y sistema circulatorio. Aeróbico significa "con oxígeno". Las actividades aeróbicas aumentan tu respiración y frecuencia cardiaca.

Ten presente que las actividades aeróbicas son actividades de resistencia que no requieren velocidad excesiva. Para que una actividad sea aeróbica, debe ser realizada con un nivel de intensidad bajo o moderado.

Las actividades aeróbicas deben ser el punto central de tu programa de ejercicio. Ejemplos de actividades aeróbicas incluyen:
- Caminar
- Esquí de fondo
- Trotar
- Patinar
- Andar en bicicleta
- Jugar tenis
- Baile aeróbico
- Nadar

Una capacidad aeróbica más alta mejora tu resistencia, te facilita las tareas domésticas y subir escaleras sin que te falte el aire.

Inicio

Estos consejos pueden ayudarte a incorporar actividades aeróbicas en tu agenda diaria:
- Una meta inicial es ejercitarte por lo menos tres días a la semana y aumentar hasta cinco días a la semana.
- Antes de realizar cualquier actividad aeróbica, calienta por lo menos cinco minutos.
- Trabaja hacia la meta de ejercitarte durante 30 a 60 minutos diarios. Esto puede hacerse de manera continua o dividida en sesiones cortas a lo largo del día.
- Emplea por lo menos cinco minutos en enfriarte al final de tu trabajo físico.
- Intenta incrementar tu nivel de actividad física todos los días, aun si no es un día de ejercicio agendado. Trota en el lugar mientras esperas el camión o estaciónate unas cuadras antes del lugar de tu reunión y camina.

Escala Borg del Esfuerzo Percibido

La percepción de la intensidad se refiere a la cantidad total de esfuerzo, estrés físico y fatiga que experimentas durante la actividad física. Es qué tan fuerte sientes que estás entrenando. Una calificación de 6 en la Escala de Puntuación Borg de la Percepción de la Intensidad (EPBPI) es el equivalente a sentarte en una silla y leer un libro. Una calificación de 20 puede ser comparada a ascender trotando una colina empinada. Calificaciones de 11 a 14 representan actividades de intensidad moderada.

6	Sin esfuerzo
7	Extremadamente ligero
8	
9	Muy ligero
10	
11	Ligero
12	
13	Algo fuerte
14	
15	Fuerte (pesado)
16	
17	Muy fuerte
18	
19	Extremadamente fuerte
20	Máximo esfuerzo

Copyright 1998 Gunnar Borg

Caminar para mejorar la salud

Caminar es una actividad de bajo impacto que puede otorgarte muchos de los beneficios del ejercicio aeróbico. Es seguro, sencillo y tiene muchos beneficios para la salud.

Beneficios de caminar

Caminar de manera regular puede ayudarte a:
- Reducir tu riesgo de diabetes tipo 2
- Manejar tu diabetes
- Reducir tu riesgo de infarto al miocardio
- Prevenir o reducir la tensión arterial alta
- Manejar tu peso
- Manejar el estrés y estimular tu espíritu
- Mantener la densidad ósea
- Mantenerte fuerte y activo

Prepárate

Para prevenir dolor y lesiones, prepárate para caminar:

Utiliza zapatos y ropa apropiados

Selecciona calzado cómodo que te ajuste apropiadamente. Tus zapatos para caminar deben ser de buena calidad y ajustarte bien. Usa ropa amplia y confortable, utiliza la ropa necesaria para adaptarte a los cambios de temperatura. Evita materiales con hule, ya que no permiten que el sudor se evapore. Usa colores brillantes o cintas reflectoras cuando esté oscuro para que los automovilistas puedan verte.

Calienta

Dedica alrededor de cinco minutos a caminar lentamente para que calientes tus músculos. Puedes caminar en el lugar si quieres. Incrementa tu ritmo hasta sentir calor. Calentar tus músculos reduce tu riesgo de lesión.

Estiramiento

Después de calentar, estira tus músculos alrededor de cinco minutos.

Zapatos para caminar: Características y ajuste

Utilizar zapatos para caminar que sean cómodos y ajusten apropiadamente puede ayudar a prevenir ampollas, callos y otras lesiones. Utiliza esta lista para ayudar a tomar tu decisión:
- Considera comprar zapatos en una tienda de atletismo con personal profesional.
- Utiliza los mismos calcetines que usarás cuando camines.
- Pide al vendedor que te mida ambos pies y que te ayude a determinar tu tipo de pie (normal, plano o de arco alto).
- Si un pie es más grande que otro, compra zapatos que se ajusten a tu pie más grande.
- Mueve tus dedos para asegurarte de que tienes un espacio de 1½ centímetros después de tu dedo más largo.
- Asegúrate de que el zapato es suficientemente amplio. El ancho y el talón deben sentirse cómodos pero no apretados.
- Si puedes detectar el extremo de tus dedos tocando lo alto o el lado del zapato, prueba una talla más grande o un zapato más ancho.
- Camina con los zapatos antes de comprarlos. Deben ser cómodos desde ese momento.

Inicio

Para ayudarte a tener éxito:

Inicia lento y fácil

A menos que seas un caminante experimentado, es mejor iniciar lento y fácil. Al principio, camina sólo tan lejos o tan rápido como te sientas cómodo. Por ejemplo, si puedes caminar sólo unos cuantos minutos, intenta sesiones diarias cortas de tres a cinco minutos y poco a poco incrementa a 15 minutos dos veces a la semana. Después de unas cuantas semanas, puedes aumentar poco a poco hasta 30 minutos de caminata cinco días a la semana.

Utiliza la técnica apropiada para evitar lesiones y contratiempos

Si tu postura es mala o tus movimientos exagerados, puedes incrementar tu riesgo de lesión.

Mide la intensidad de tu entrenamiento

Si te falta tanto el aliento que no puedes mantener una conversación, es probable que estés caminando muy rápido y debas reducir la intensidad.

Registra tu progreso

Lleva un registro de cuántos pasos das o cuántos kilómetros caminas y cuánto tiempo te lleva, para que puedas registrar tu progreso. Registra estos números en tu diario de caminata o en una hoja electrónica de computadora. También puedes vigilar tu progreso usando un podómetro (véase la página 98) o instrumentos de alta tecnología que utilizan tecnología satelital. Algunos instrumentos de alta tecnología te permiten bajar información a una computadora.

Mantente motivado

Para mantenerte motivado, sé paciente y flexible. Si no alcanzas tu meta diaria, haz lo mejor que puedas, y después regresa a tu rutina de caminata regular al día siguiente. Recuerda qué bien se siente después de que has tenido una caminata refrescante. Planea varias rutas diferentes, y haz una caminata divertida –invita a amigos o a la familia a que se te unan–. Una vez que tomas ese primer paso, estás en el camino hacia un destino importante: mejorar tu salud.

Intenta este programa de caminata de diez semanas

¿Estás buscando la manera de estar en forma? Este programa de caminata de diez semanas puede iniciarte en el camino para mejorar tu condición física y tu salud*.

Semana	Programa de caminata**	Total semanal (tiempo por días a la semana)
1	15 minutos, 2 días	30 minutos
2	15 minutos, 3 días	45 minutos
3	20 minutos, 3 días	60 minutos
4	25 minutos, 3 días	75 minutos
5 y 6	30 minutos, 3 días	90 minutos
7 y 8	30 minutos, 4 días	120 minutos
9 y 10	30 minutos, 5 días	150 minutos

* Antes de iniciar este plan de caminata, necesitas platicar con tu médico.

** No incluye tiempo de calentamiento y enfriamiento.

Lo que muestra la investigación

Los lineamientos publicados por la Asociación Americana de Endocrinólogos Clínicos hacen notar que sólo caminar 40 minutos cuatro veces a la semana es suficiente para disminuir la resistencia a la insulina y mejorar el control de la glucosa en sangre. Además, un estudio de ocho años con más de 70 000 mujeres sugiere que una hora al día de caminata rápida puede disminuir casi a la mitad el riesgo de las mujeres de desarrollar diabetes tipo 2.

Calorías quemadas en una hora

Esta tabla muestra el número calculado de calorías quemadas durante la realización de diversas actividades durante una hora con una intensidad moderada.

Si peso no se muestra en la tabla, puedes utilizar esta fórmula:
1. Encuentra una actividad en el cuadro.
2. Toma el número máximo de calorías quemadas de la columna para personas entre 77 y 82 kilogramos.
3. Multiplica esto por tu peso.
4. Divídelo entre 79.5.

Por ejemplo, si tu peso son 100 kilogramos y trotas ocho kilómetros por hora, he aquí el cálculo:

$$\frac{656 \times 100}{79.5} = 825 \text{ calorías en 1 hora}$$

ACTIVIDAD DE INTENSIDAD MODERADA (una hora)	Calorías quemadas Personas entre 63–68 kg	Personas entre 77–82 kg	ACTIVIDAD DE INTENSIDAD MODERADA (una hora)	Calorías quemadas Personas entre 63–68 kg	Personas entre 77–82 kg
Baile aeróbico	416-442	501-533	Saltar la cuerda	640-680	770-820
Viajar de mochilazo	448-476	539-574	Racquetbol	448-476	539-574
Bádminton	288-306	347-369	Correr, 13 km/h	864-918	1 040-1 107
Ciclismo (al aire libre)	512-544	616-656	Patinar (hielo o en ruedas)	448-476	539-574
Ciclismo (estacionario)	448-476	539-574	Esquiar (campo traviesa)	512-544	616-656
Boliche	192-204	231-246	Esquiar (descenso)	384-408	462-492
Canotaje	224-238	270-287	Subir escaleras	576-612	693-738
Baile	288-306	347-369	Nadar	384-408	462-492
Jardinería	256-272	308-328	Tenis	448-476	539-574
Golf (cargando la bolsa)	288-306	347-369	Voleibol	192-204	231-246
Caminata a campo traviesa	384-408	462-492	Caminar, 3 km/h	160-170	193-205
Trotar, 8 km/h	512-544	616-656	Caminar, 6 km/h	243-258	293-312

Basado en Ainsworth BE, et al., *"Compendium of Physical Activities: an Update"*, Medicine & Science in Sports & Exercise, 2000

Ejercicios de estiramiento

Estirar antes y después de la actividad aeróbica ayuda a incrementar los arcos de movimiento de tus articulaciones y a prevenir dolor articular y lesiones.

Pero no estires un músculo "frío": si estiras antes de tu ejercicio, realiza primero un calentamiento corto de tres a cinco minutos, como caminar a baja intensidad. Si sólo tienes tiempo para estirar una vez, estira después de ejercitarte, cuando tus músculos están calientes. Estira lenta y suavemente, sólo hasta que sientas una tensión ligera en tus músculos.

He aquí cuatro ejercicios de estiramiento. Estira cada grupo muscular una vez. Intenta hacerlo de tres a cinco días a la semana y después de una actividad física.

Estiramiento sentado del tendón de la corva.
Sentado en una silla resistente como se muestra. Mantén el arco normal de tu espalda. Poco a poco estira tu rodilla izquierda hasta que sientas un estiramiento en la parte posterior de tu muslo. Puedes aplicar presión suave hacia abajo con tus manos. Mantén durante 30 segundos. Relájate. Repite con la otra pierna.

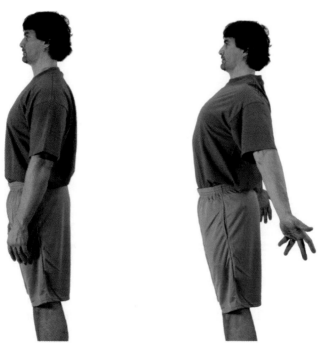

Estiramiento del tórax.
Parado con tus brazos a los lados. Después mueve tus brazos hacia atrás mientras rotas tus palmas hacia delante como se muestra a la derecha. Acerca tus omóplatos, respira profundamente y eleva tu tórax. Mantén durante 30 segundos mientras respiras libremente, después relájate. Regresa a la posición inicial. Repite.

Beneficios del estiramiento

El estiramiento es una parte poderosa de cualquier programa de ejercicio. Estiramiento regular:

- Incrementa la flexibilidad, lo que hace las tareas diarias más fáciles y menos cansadas
- Mejora el arco de movimiento de tus articulaciones, lo que conserva tu movilidad
- Mejora la circulación
- Promueve mejor postura
- Ayuda a aliviar el estrés al relajar la tensión de los músculos
- Ayuda a prevenir lesiones, en especial si tus músculos o articulaciones están tiesas

Estiramiento de la pantorrilla con fuerza en la rodilla. Parado con los brazos a una distancia de la pared como se muestra. Mientras mantienes la rodilla derecha estirada (talón derecho sobre el piso), flexiona tu rodilla izquierda como si fueras a moverla hacia la pared. Esto estira tu pantorrilla derecha. Sostén durante 30 segundos. Relájate. Repite con la otra pierna.

Estiramiento rodilla a tórax*. Acostado sobre una superficie firme con tu rodilla derecha flexionada (talón plano sobre la superficie) y tu pierna izquierda estirada —o mantén ambas rodillas flexionadas si es más cómodo—. Suavemente jala la rodilla derecha hacia tu hombro derecho con ambas manos como se muestra para estirar tu parte baja de la espalda. Sostén durante 30 segundos. Relájate. Repite con la otra pierna.

***Si tienes osteoporosis, evita este estiramiento porque puede incrementar el riesgo de fractura por compresión en tu columna.**

Ejercicios de fuerza

Los ejercicios de fuerza desarrollan músculos más fuertes que mejoran la postura, el equilibrio y la coordinación. También promueven huesos sanos e incrementan ligeramente tu tasa metabólica, lo que puede ayudarte a mantener tu peso correcto.

He aquí cuatro ejercicios de fuerza. Empieza con alrededor de 15 repeticiones de cada uno. Realiza movimientos lentos y controlados cuando cargues peso.

Lagartijas contra la pared o una mesa. Recárgate sobre la pared o sobre una mesa como se muestra. Poco a poco flexiona tus codos y acerca la parte superior de tu cuerpo hacia la pared o la mesa, apoyando tu peso en tus brazos y manteniendo tus talones sobre el piso. Estira tus brazos y regresa a la posición inicial.

Sentadillas. Para iniciar, ponte de pie con tus pies ligeramente más abiertos que tus hombros. Coloca tus manos en la cintura o en una mesa o en una barra. Mantén el arco normal de tu espalda, lentamente flexiona las caderas, rodillas y tobillos como se muestra. Flexiona tus rodillas tanto como te sea cómodo, pero no más de 90°. Mantén tus rodillas en línea con tus pies y no más allá de tus dedos. Haz una pausa, después regresa a la posición inicial.

Fortalecimiento de pantorrillas. Ponte de pie con tus pies separados y en línea con los hombros. Si es necesario para equilibrio, sujétate en el respaldo de una silla resistente. Poco a poco eleva tus talones del piso y párate sobre tus puntas. Sostén. Regresa a la posición inicial poco a poco.

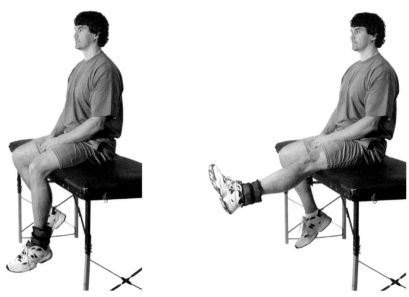

Extensión de la rodilla✳. Inicia como se muestra a la izquierda. La columna está en posición neutra. Manteniendo la alineación, poco a poco estira tu rodilla izquierda como se muestra a la derecha, haz una pausa, después regresa a la posición inicial. Hazlo con ambas piernas (trabajas la parte anterior de los muslos).

✳ Si tienes antecedentes de dolor de rodilla o de la espalda, evita utilizar un peso en el tobillo hasta que mejores tu fuerza. Las personas con problema de columna o los adultos mayores quizá necesiten una silla con soporte lumbar.

Entrenamiento con peso: lo que debes y no debes hacer

Además de los ejercicios de estiramiento, hay muchas otras formas de mejorar la fuerza de tus músculos: aparatos de resistencia, bandas de resistencia, pesas y otras herramientas. La técnica incorrecta de entrenamiento con peso es uno de los principales factores que contribuyen a las lesiones. Si estás empezando, considera trabajar con un especialista en entrenamiento con peso. Para mantenerte seguro y en el camino:

- **Establece metas.** Asegúrate de que tú y tu entrenador tienen una razón clara de por qué están haciendo cada ejercicio y una meta general para tu programa.
- **Levanta una cantidad apropiada de peso.** Si eres principiante, puedes ser capaz de levantar sólo 450 o 900 gramos —eso está bien—. Poco a poco incrementa el peso.
- **No te apresures.** No jales el peso hacia arriba. Levanta y baja el peso de manera lenta, suave y controlada.
- **Respira.** Tu tensión arterial puede incrementarse a niveles peligrosos si aguantas tu respiración durante el entrenamiento con peso. Exhala durante el levantamiento y de manera esencial respira con libertad durante el proceso.
- **Busca equilibrio.** Trabaja todos tus músculos grandes —abdominales, piernas, tórax, espalda, hombros y brazos—.
- **No hagas demasiadas repeticiones de cada ejercicio.** Completar una repetición de ejercicios al punto de fatiga es todo lo que necesitas para lograr beneficios.
- **Descansa.** Dale a tu cuerpo un día para recuperarse entre los entrenamientos del mismo grupo muscular.
- **Sé consistente.** Tres entrenamientos a la semana aumentarán la masa muscular y dos mantendrán la fuerza que has ganado.

¿Qué tanto ejercicio?

La respuesta a esta pregunta es variable —y cambiará en el curso de tu vida—.

En sí, la cantidad de ejercicio que necesitas está basada en algunos lineamientos ampliamente aceptados y en tus metas específicas.

Muchas agencias y organizaciones de salud recomiendan que para la salud general y el bienestar, los adultos deben realizar 30 minutos de actividad moderada por lo menos cinco días a la semana. Los niños y adolescentes deben realizar 60 minutos de actividad física al día.

En 2002 se dio una pequeña controversia cuando el Instituto de Medicina (IM) publicó un reporte que recomendaba que los adultos desarrollaran por lo menos 60 minutos de actividad física moderada todos los días.

¿Por qué la recomendación del IM es mayor? La tendencia desafortunada es que el peso de los estadounidenses está aumentando. Y la evidencia muestra que 30 minutos de actividad el mayor número de días a la semana puede no ser suficiente para que algunas personas mantengan un peso saludable. El IM consideró esta tendencia en su recomendación.

La conclusión es esta: es evidente que 30 minutos de actividad física el mayor número de días a la semana aportará beneficios a la salud. Por otra parte, realizar 60 minutos de actividad aportará mayores beneficios —y puede ser necesario para evitar ganar peso—.

Avanza poco a poco

Si no has estado activo por mucho tiempo, inicia poco a poco y aumenta tu resistencia. Empieza ejercitándote 10 minutos al día. Cada semana, aumenta cinco minutos el tiempo que te ejercitas, y continúa agregando incrementos.

Para mejorar tu condición física total, estira algunos minutos después del ejercicio aeróbico para incrementar la flexibilidad de tus músculos y los arcos de movimiento de tus articulaciones. También combina la actividad aeróbica con ejercicios de fuerza alrededor de dos días a la semana.

Si no tienes 30 minutos o más para ejercitarte, divide tu rutina en intervalos más cortos. Puedes utilizar la bicicleta estática de 10 a 15 minutos en la mañana antes de ir al trabajo, caminar de 10 a 15 minutos durante tu hora del almuerzo, y hacer ejercicios de fuerza de 10 a 15 minutos en la noche.

Signos de alerta: cuándo parar

La actividad moderada debería producirte una respiración más rápida y hacerte sentir como si estuvieras trabajando. Pero si experimentas cualquiera de estos signos o síntomas durante el ejercicio, detente inmediatamente y busca atención médica:

- Dolor u opresión del tórax
- Vahído o desvanecimiento
- Dolor en el brazo o en la quijada
- Dificultad grave para respirar
- Fatiga excesiva
- Ráfagas de frecuencia cardiaca muy rápida o lenta
- Frecuencia cardiaca irregular
- Dolor muscular o articular grave
- Inflamación de articulaciones

Ejercicio y vigilancia constantes

Es importante que anotes —vigilar y registrar— tu azúcar (glucosa) en sangre antes, durante y después del ejercicio. Esto te ayuda a ti y a tu equipo de salud a aprender de qué manera tu cuerpo responde al ejercicio.

El ejercicio típicamente reduce tu nivel de glucosa en sangre. Durante el ejercicio, la glucosa que está almacenada en tus músculos e hígado se utiliza como energía. Después del ejercicio, mientras tu cuerpo recarga lo que tenía almacenado, toma glucosa de tu sangre, esto disminuye tu nivel de glucosa en sangre.

Antes de que inicies el ejercicio, asegúrate de que tu glucosa en sangre no esté muy baja y de que no caiga muy bajo durante y después de tu entrenamiento. El examen de glucosa en sangre también puede ayudar a prevenir episodios peligrosos de niveles altos de glucosa en sangre y niveles altos de cetona en orina.

Antes del ejercicio

Para evitar oscilaciones de tu glucosa en sangre, haz una prueba alrededor de 30 minutos antes de empezar y luego una vez más inmediatamente después de ejercitarte. Esto puede ayudarte a determinar si tu glucosa en sangre está estable, elevado o descendente antes de que empieces el ejercicio.

Los siguientes lineamientos pueden ayudarte a evitar problemas durante el ejercicio:

- **Menos de 100 mg/dL.** Come una pequeña botana que contenga carbohidratos, como fruta o galletas saladas. Examina tu nivel de glucosa después de 15 a 30 minutos. Espera hasta que tu glucosa sea por lo menos 100 mg/dL antes de empezar a ejercitarte.
- **100 a 250 mg/dL.** Para la mayoría de las personas, éstos son límites seguros de glucosa en sangre antes del ejercicio.
- **250 mg/dL o más.** Antes de ejercitarte, examina tu orina en busca de cetonas. Si el resultado muestra un nivel moderado o alto de cetonas, no hagas ejercicio. Espera hasta que la prueba indique un nivel bajo de cetonas. El exceso de cetonas indica que tu cuerpo no tiene insulina suficiente para controlar tu glucosa en sangre, y esto puede derivar en una condición que amenaza la vida llamada cetoacidosis diabética (CAD).
- **300 mg/dL o más.** No hagas ejercicio. Necesitas bajar tu glucosa antes de que puedas ejercitarte con seguridad porque estás en riesgo de incrementar aún más tu glucosa. Y los niveles altos de glucosa (hiperglucemia) pueden llevar a la sobreproducción de orina, lo que resulta en deshidratación.

Durante el ejercicio

Es muy importante revisar tu glucosa en sangre durante el ejercicio si estás iniciando ejercicio aeróbico por primera vez, intentando una nueva actividad o deporte, o incrementando la intensidad o duración de tu entrenamiento.

Si te ejercitas durante más de una hora, en especial si tienes diabetes tipo 1, detente y revisa tu glucosa cada 30 minutos. Lleva fuentes de glucosa contigo para tratar los síntomas de glucosa en sangre baja. Si tu glucosa es menor de 100 mg/dL, o si no es tan baja pero tienes síntomas de glucosa en sangre baja –te sientes tembloroso, débil, ansioso, sudoroso o confuso–, come una botana que sirva como fuente de glucosa de acción rápida.

Los ejemplos incluyen:
- 2 o 3 tabletas de glucosa
- ½ taza de jugo de fruta
- ½ taza de refresco normal (no de dieta)
- 5 o 6 caramelos

Vuelve a revisar tu glucosa en sangre 15 minutos después de esta botana. Si todavía es muy baja, come otra porción y revísate otra vez 15 minutos más tarde, hasta que tu glucosa alcance 100 mg/dL o más.

Después del ejercicio

Mientras más extenuante es el entrenamiento, más tiempo se afecta tu glucosa en sangre. Revisa tu glucosa en sangre un par de veces después del ejercicio para asegurarte de que no estás desarrollando hipoglucemia, lo que puede ocurrir aun horas después de haber terminado.

Sé paciente

Puedes pensar que revisar tu glucosa en sangre antes, durante y después de ejercitarte suena como a mucho tiempo y esfuerzo. Pero ten presente que una vez que conoces de qué manera responde tu cuerpo al ejercicio, puedes no necesitar revisar tu glucosa en sangre tan a menudo. Sigue los consejos de tu médico.

Adquirir y mantener la motivación

La motivación es la clave de tu plan de acondicionamiento físico —es lo que te lleva y mantiene en él—. Al entender lo que te motiva, serás más capaz de continuar de principio a fin con tu plan de acondicionamiento físico. Para la mayoría de la gente, iniciar el programa de acondicionamiento físico es el paso más difícil. Pero tú puedes cambiar las creencias que te mantienen atorado.

Reconoce lo que te motiva y lo que no

¿Qué puedes hacer diferente que te ayude a tener éxito en esta ocasión?

Solicita ayuda

Explica tu plan de acondicionamiento físico a tus amigos y familia. ¿Con quién te puedes ejercitar, o quién puede ayudarte de otras maneras?

Concéntrate en el proceso y da pequeños pasos

Establece metas realistas y posibles y continúa evaluándolas.

Vigila tu progreso

Continúa registrando tu progreso mientras sigues adelante. Utiliza una agenda semanal o una hoja electrónica de computadora.

Consejos para mantenerte motivado

Para motivarte y continuar motivado a largo plazo:

- **Establece un compromiso y no mires demasiado lejos.** ¿Qué puedes hacer hoy para hacer que este plan de acondicionamiento físico funcione para ti?
- **Amplía tu definición de actividad de acondicionamiento físico.** No es sólo trabajar en el gimnasio; es cualquier actividad física
- **Da el primer paso.** Probablemente estarás motivado una vez que empieces. Por lo que da el primer paso para estar en movimiento. No esperes que la motivación venga a ti.
- **Evita el pensamiento de todo o nada.** Si no tienes tiempo para hacer tu rutina habitual, haz menos, pero haz algo. Al día siguiente, intenta hacer más.

Capítulo 6
Tratamiento médico

Terapia con insulina 120

Evitar problemas con la insulina 125

Bombas de insulina 126

Medicamentos orales para la diabetes 128

Combinación de medicamentos orales 134

Medicamentos orales e insulina 135

Propuestas de nuevos medicamentos 136

Diálisis renal 137

Transplante renal 139

Procedimientos experimentales 140

De visita con la doctora Regina Castro

M. Regina Castro, M.D.
Endocrinología

" Si controlar tu diabetes parece abrumador, toma un día a la vez. Y recuerda que no estás solo en esto. Si trabajas en equipo con tu médico y con un educador en diabetes, puedes controlarla y prevenir sus complicaciones —y hacerlo todo con mínima alteración de tu estilo de vida—. "

Ahora que has sido diagnosticado con diabetes, es muy importante que trabajes muy de cerca con tu médico para definir las metas de tu tratamiento y las mejores estrategias para obtener esas metas. Mantener un buen control de tu azúcar en la sangre es muy importante, ya que se ha demostrado que esto es la clave para prevenir muchas de las complicaciones a largo plazo de la diabetes mal controlada, como problemas oculares (retinopatía diabética), pérdida de la función renal y futura necesidad de diálisis, y daño a los nervios (neuropatía) que puede derivar en pérdida de la sensación de dolor en los pies, úlceras en los pies y, en algunos casos, amputación. Todos estos problemas son prevenibles. Si tú tienes ya cualquiera de ellos, al controlar tu azúcar en sangre puedes retrasar su progreso a un estado más grave o avanzado.

Una dieta sana y ejercicio regular para mantener un peso saludable son partes esenciales del tratamiento de la diabetes y, para muchas personas con diabetes tipo 2, pueden ser las únicas medidas necesarias —por lo menos en la parte inicial de la enfermedad—. Cuando dieta y ejercicio no son suficientes para mantener niveles aceptables de azúcar en la sangre, tu médico puede prescribir medicamentos orales o algunas veces medicamentos inyectables, incluida la insulina. Muchas veces, con el propósito de mantener buen control de azúcar en la sangre, las personas necesitan una combinación de medicamentos orales que afectan el azúcar en la sangre de diferentes maneras o una combinación de medicamentos orales e inyectables, como insulina.

El propósito de los medicamentos es conservar tu nivel de glucosa en sangre tan cercano a lo normal como sea posible para retrasar o prevenir complicaciones. Un control estricto de los niveles de azúcar en sangre puede reducir el riesgo de complicaciones relacionadas con la diabetes, incluyendo infarto del miocardio, evento vascular cerebral y problemas de nervios, riñón y ojos, en más de 50%.

Para personas con diabetes tipo 1, las inyecciones de insulina son necesarias. Puedes necesitar recibir inyecciones de insulina varias veces al día, y la cantidad de insulina necesaria dependerá de tus niveles de azúcar en sangre y de los alimentos que hayas comido. En algún momento, tu médico puede recomendar una bomba de insulina. Necesitarás trabajar muy de cerca con tu médico y tu educador en diabetes para determinar si la dosis de insulina que estás recibiendo es apropiada o si necesita ser ajustada. Es importante el seguimiento periódico con tu médico y un educador en diabetes para determinar lo adecuado de tu tratamiento.

Con la diabetes tipo 1 y tipo 2, tu médico deseará realizar ciertos exámenes para ayudarlo a decidir si tus medicamentos necesitan ser ajustados y también determinar si hay alguna evidencia de que se puedan estar desarrollando complicaciones, de tal forma que puedan ser tratadas de manera oportuna.

Si controlar tu diabetes parece abrumador, toma un día a la vez. Y recuerda que no estás solo en esto. Si trabajas en equipo con tu médico y con un educador en diabetes, puedes controlar tu diabetes y prevenir sus complicaciones —y hacerlo todo con mínima alteración de tu estilo de vida—.

Si tienes diabetes, hay varios métodos para ayudar a manejar tu azúcar (glucosa) en sangre. Muchas personas con diabetes tipo 2 son capaces de controlar su enfermedad con alimentación apropiada, ejercicio y manteniendo un peso saludable. Sin embargo, para algunas personas los cambios en el estilo de vida por sí solos no son suficientes. Necesitan medicamentos para conservar su glucosa en sangre dentro de límites sanos.

Para individuos con diabetes tipo 1, la medicación es un deber. Las inyecciones de insulina son necesarias para reemplazar la insulina que el páncreas ya no produce.

Terapia con insulina

El tratamiento con insulina, llamado insulinoterapia, tiene dos metas:

1. Mantener la glucosa en sangre en niveles cercanos a lo normal o dentro del límite objetivo que tu médico recomiende
2. Prevenir complicaciones a largo plazo de la diabetes

La forma más usada de insulina es la insulina humana sintética, que es idéntica químicamente a la insulina humana pero es fabricada en un laboratorio.

Algunas insulinas, conocidas como análogos de insulina, son modificadas por el fabricante para imitar mejor la secreción normal de insulina por el páncreas.

Tu médico decidirá qué tratamiento con insulina es mejor para ti. Eso dependerá de:

• Tendencias y patrones de tus niveles de glucosa en sangre

• Tu estilo de vida
• Lo que comes
• Qué tanto te ejercitas
• Si tienes otras condiciones de salud

Tipos de insulina

Muchos tipos de insulina están disponibles. Difieren en el tiempo que le lleva al medicamento empezar a trabajar (inicio), en qué momento la insulina tiene el máximo efecto (pico) y cuánto tiempo dura el efecto general (duración).

La insulina se administra en una inyección o a través de infusión continua desde una bomba de insulina. Tú y tu equipo de salud determinarán el tipo y la cantidad de insulina que mejor cubra tus necesidades. Ve el cuadro en las páginas 122 y 123.

Insulina premezclada

La insulina premezclada combina insulina de acción muy rápida con insulina de acción intermedia. Es conveniente si necesitas los dos tipos de insulina pero tienes problemas para juntar la insulina de 2 frascos, o tienes dificultades en la visión o artritis u otros problemas con tus manos.

Hay varias insulinas premezcladas y algunas tienen nombres genéricos complicados. Los números después de cada nombre comercial que se muestra en el frasco indican dos tipos de insulina en diferentes porcentajes (como 50% de insulina de acción intermedia y 50% de insulina de acción rápida):

* Humulin 50/50
* Humulin 70/30
* Novolin 70/30
* NovoLog Mix 70/30
* Humalog Mix 75/25
* ReliOn/Novolin 70/30

Porque estás recibiendo dos tipos de insulina, el inicio, el pico y la duración de cada tipo serán distintos, pero se superpondrán. Sigue las instrucciones de tu médico o educador en diabetes. Por lo regular, si el producto premezclado tiene insulina de acción rápida, te lo inyectarás 30 minutos antes de un alimento; si el producto tiene insulina de acción muy rápida, te la inyectarás no más de 15 minutos antes de tu alimento.

Cuando la insulina no es suficiente

Hace pocos años, la Administración de Alimentos y Medicamentos aprobó el uso de un medicamento que ayuda a tratar la diabetes tipo 1 llamado pramlintida (Symlin).

La pramlintida es sólo para adultos con diabetes tipo 1 o tipo 2 que utilizan insulina y necesitan mejor control de su azúcar (glucosa) en sangre.

Se aplica inyectado antes de que comas. Pramlintida puede ayudar a disminuir la glucosa en sangre durante las tres horas posteriores al alimento. Para mayor información sobre este medicamento, ve la página 136.

Esquemas de insulina

Las opciones de insulina incluyen:

Dosis única

Te inyectas una dosis de insulina de acción intermedia o de acción lenta una vez cada día.

Dosis mixta

Te inyectas insulina de acción rápida o muy rápida e insulina de acción intermedia —mezcladas en una jeringa—.

Dosis premezclada

Te inyectas una dosis de insulina premezclada una o dos veces al día.

Dosis dividida

Te aplicas dos inyecciones de insulina de acción intermedia cada día. Estas inyecciones por lo regular se aplican antes del desayuno y antes de la cena, o antes del desayuno y al acostarse.

Dosis mixta dividida

Te aplicas dos inyecciones que contienen una combinación de insulina de acción rápida o muy rápida e insulina de acción intermedia —mezcladas en una jeringa— cada día. Por lo regular se aplican antes del desayuno y antes de la cena.

Dosis premezclada dividida

Te aplicas dos inyecciones diarias de insulina premezclada. Por lo regular se aplican antes del desayuno y antes de la cena.

Terapia intensiva con insulina

Este esquema involucra múltiples inyecciones diarias de insulina o una pequeña bomba portátil que administra de manera continua la insulina.

Terapia intensiva con insulina

Las personas que reciben insulina tienen menor riesgo de complicaciones de su diabetes si pueden mantener su glucosa en sangre dentro o cerca de los límites normales.

Para personas con diabetes tipo 1, la terapia preferida para lograr esto es la terapia intensiva con insulina. Las personas con diabetes tipo 2 también pueden beneficiarse de la terapia intensiva con insulina si los medicamentos y los cambios en el estilo de vida no mantienen los niveles de glucosa en sangre en el objetivo indicado.

La terapia intensiva con insulina incluye monitorear con frecuencia tu glucosa en sangre, utilizar una combinación de insulinas y ajustar tus dosis con base en tus niveles de glucosa en sangre, dieta y cambios en tu rutina. Cuando se practica con efectividad, la terapia intensiva con insulina puede disminuir enormemente los riesgos de complicaciones.

Si tu médico recomienda terapia intensiva con insulina, hay dos opciones:

Inyecciones múltiples diarias

Te aplicas tres o más inyecciones de insulina cada día –a menudo una combinación de tipos– para alcanzar un control estricto de tu glucosa en sangre.

Bomba de insulina

Una bomba de insulina libera de manera continua insulina de acción rápida o muy rápida hacia tu cuerpo a través de un tubo de plástico colocado debajo de la piel en tu abdomen (véase la página 126).

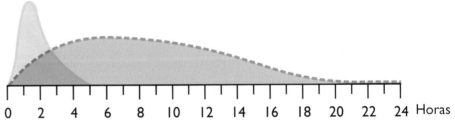

Comparación de insulinas de acción muy rápida e intermedia
Aquí se muestra un ejemplo de la diferencia entre las insulinas de acción muy rápida (línea continua) y de acción intermedia (línea punteada) en los tiempos de inicio, pico y duración.

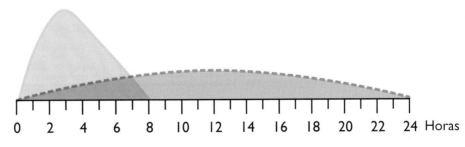

Comparación de insulinas de acción rápida y lenta
Aquí se muestra un ejemplo de la diferencia entre las insulinas de acción rápida (línea continua) y lenta (línea punteada) en los tiempos de inicio, pico y duración.

Opciones de insulina

Tú y tu equipo de salud determinarán el tipo y cantidad de insulina que cubra mejor tus necesidades. Abajo están algunos ejemplos, pero platica con tu médico y revisa las especificaciones del paquete del producto para completar la información. Mantén en mente que:

- *Inicio de acción* significa qué tan rápido la insulina comienza a disminuir la glucosa en sangre.
- *Pico de acción* significa cuándo la insulina funciona en su máximo.
- *Duración* significa qué tanto tiempo dura el efecto general.

Tipo de insulina	Nombre de la insulina (nombre comercial)	Inicio de acción
Acción muy rápida Se absorbe más rápido que la insulina de acción rápida y sus efectos terminan más rápido	Insulina aspart (NovoLog) Insulina glulisina (Apidra) Insulina lispro (Humalog)	5 a 15 minutos (los limites varían con los productos)
Acción rápida Trabaja rápidamente, pero sus efectos no duran tanto como los de la insulina de acción intermedia	Insulina regular (Humulin R, Novolin R, ReliOn/Novolin R)	30 a 60 minutos
Acción intermedia Inicia su acción más tardíamente que la insulina de acción rápida y sus efectos duran más tiempo	NPH** (Humulin N, Novolin N, ReliOn/Novolin N)	1 a 2 horas
Acción lenta Toma varias horas para trabajar, pero aporta insulina en un nivel estable hasta por 24 horas	Insulina glargina (Lantus)	1 a 2 horas
	Insulina detemir (Levemir)	2 horas

*Sigue el consejo de tu médico. Los tiempos de inicio, pico y duración son estimaciones. Los tiempos varían entre individuos y son afectados por el sitio de inyección y otros factores, como tu último alimento o ejercicio.

** NPH significa protamina neutral Hagedorn.

Fuentes: fabricantes de los productos y *Pharmacist's Letter* y *Prescriber's Letter*, agosto 2005

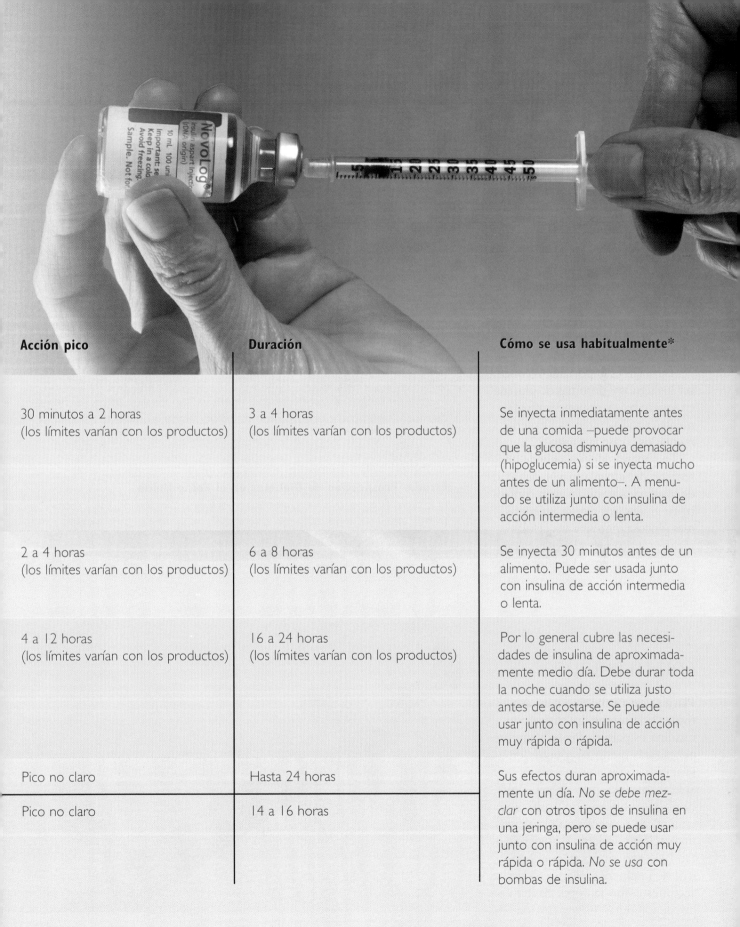

Acción pico	Duración	Cómo se usa habitualmente*
30 minutos a 2 horas (los límites varían con los productos)	3 a 4 horas (los límites varían con los productos)	Se inyecta inmediatamente antes de una comida –puede provocar que la glucosa disminuya demasiado (hipoglucemia) si se inyecta mucho antes de un alimento–. A menudo se utiliza junto con insulina de acción intermedia o lenta.
2 a 4 horas (los límites varían con los productos)	6 a 8 horas (los límites varían con los productos)	Se inyecta 30 minutos antes de un alimento. Puede ser usada junto con insulina de acción intermedia o lenta.
4 a 12 horas (los límites varían con los productos)	16 a 24 horas (los límites varían con los productos)	Por lo general cubre las necesidades de insulina de aproximadamente medio día. Debe durar toda la noche cuando se utiliza justo antes de acostarse. Se puede usar junto con insulina de acción muy rápida o rápida.
Pico no claro	Hasta 24 horas	Sus efectos duran aproximadamente un día. *No se debe mezclar* con otros tipos de insulina en una jeringa, pero se puede usar junto con insulina de acción muy rápida o rápida. *No se usa* con bombas de insulina.
Pico no claro	14 a 16 horas	

Inconvenientes de la terapia intensiva con insulina

La terapia intensiva con insulina tiene dos posibles inconvenientes: glucosa en sangre baja (hipoglucemia) y ganancia de peso.

Cuando tu glucosa en sangre ya está cerca de lo normal, la hipoglucemia puede presentarse aun con cambios menores en tu rutina, como un aumento inesperado de actividad. Puedes contrarrestar este riesgo si pones atención a los cambios en tu rutina que incrementen tu riesgo de hipoglucemia.

También es importante reconocer los signos y síntomas de glucosa en sangre baja y responder rápidamente cuando empieces a experimentarlos (véase la página 22).

La ganancia de peso puede presentarse debido a la mayor cantidad de insulina que utilizas para controlar tu glucosa en sangre, mientras más glucosa ingrese a tus células menor cantidad de glucosa se desperdicia en tu orina. La glucosa que tus células no utilizan se acumula como grasa.

Trabaja con tu equipo

Platica con tu médico para averiguar si la terapia intensiva con insulina es para ti. Probablemente necesitarás medir tu glucosa en sangre más a menudo y, si te aplicas insulina, puedes necesitar cambiar tu horario de dosificación. Pero recuerda que la alimentación saludable y el ejercicio también son vitales para el control de la glucosa. Piensa en estas acciones como factores clave que pueden agregar años a tu vida.

Control estricto de la glucosa: prevención de complicaciones

Diversos estudios confirman que el control estricto del azúcar (glucosa) en sangre –conservando tu glucosa en sangre en límites normales o casi normales– puede reducir dramáticamente tu riesgo de desarrollar complicaciones.

Estudio de Control de Diabetes y Complicaciones

En el Estudio de 10 años Control de Diabetes y Complicaciones (ECDC), más de 1 400 voluntarios con diabetes tipo 1 fueron asignados de manera aleatoria a uno de dos grupos:

1. El grupo convencional recibió insulinoterapia de rutina como les aconsejó su médico para controlar su glucosa en sangre.
2. El grupo de terapia intensiva recibió terapia intensiva con insulina, utilizando inyecciones o una bomba de insulina.

Su meta fue conservar su glucosa en sangre tan cercana a lo normal como fuera posible. Los resultados mostraron que el control estricto de glucosa en sangre utilizando terapia intensiva con insulina redujo el riesgo de muchas complicaciones –como daño ocular o enfermedad renal– por lo menos en 50%, en comparación con quienes recibieron tratamiento convencional.

Estudio Prospectivo de Diabetes en el Reino Unido

El Estudio Prospectivo de Diabetes en el Reino Unido (EPDRU) reclutó más de 5 100 personas con diagnóstico reciente de diabetes tipo 2. Los participantes fueron seguidos durante un promedio de 10 años. Los resultados mostraron, en general, que las personas que intentaron conservar su glucosa en sangre en un nivel normal tuvieron 25% menos complicaciones que involucraran sus ojos, riñones y nervios. Mejorar el control de glucosa en sangre y de tensión arterial también llevó a reducir el riesgo de enfermedad cardiaca.

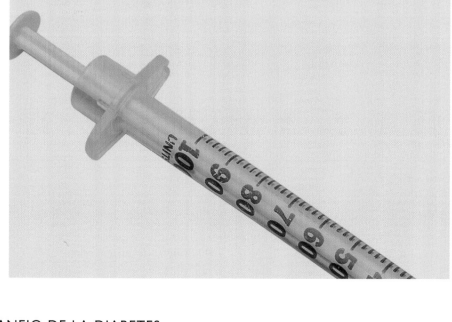

Evitar problemas con la insulina

Los siguientes pasos pueden reducir tu riesgo de problemas derivados del uso de insulina:

Compra toda tu insulina en la misma farmacia

Esto ayudará a asegurar que recibirás el tipo y concentración de insulina que está prescrito y a alertarte en cambios en tu prescripción. Revisa la fecha de caducidad en el envase y conserva siempre un frasco de repuesto a la mano.

Habla

Para evitar posibles interacciones medicamentosas o efectos secundarios, informa a tu farmacéutico, dentista y a aquellos profesionales de la salud que pudieran no estar familiarizados con tu historia médica que te aplicas insulina.

Almacena tu insulina en el refrigerador hasta que esté abierta

Después de que un frasco ha sido abierto, puede ser conservado a temperatura ambiente durante un mes. La insulina a temperatura ambiente produce menos incomodidad cuando se inyecta. Tira tu insulina después de la fecha de caducidad o después de haberla conservado a temperatura ambiente durante un mes.

Evita temperaturas extremas

Nunca congeles la insulina o la expongas a temperaturas extremadamente calientes o de manera directa a la luz del sol.

Busca cambios en las apariencias

Tira la insulina que haya cambiado de color o contenga partículas sólidas.

Utiliza identificación como diabético

Utiliza una cadena en el cuello o brazalete que te identifique como usuario de insulina. Además, porta una tarjeta de identificación que incluya nombre y número telefónico de tu médico y todos los medicamentos que recibes, incluyendo la clase de insulina. En caso de que tu glucosa en sangre disminuya demasiado, esto ayudará a las personas a saber cómo responder.

Revisa todos los medicamentos

Antes de tomar cualquier medicamento diferente a tu insulina, incluyendo productos que no necesitan receta, lee las advertencias de la etiqueta. Si la etiqueta dice que no debes tomar este medicamento si tienes diabetes, consulta a tu médico antes de tomarlo.

Solicita ayuda para reacciones alérgicas

En raras ocasiones, las inyecciones de insulina pueden provocar problemas al respirar o al deglutir. Si esto sucede, podrías estar presentando una reacción alérgica potencialmente amenazadora para la vida llamada anafilaxia. Ésta es una urgencia médica –ve al servicio de emergencias de inmediato–.

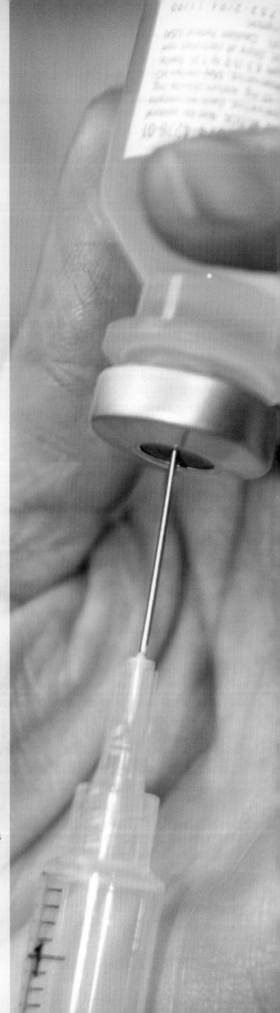

Bombas de insulina

Una bomba de insulina es un instrumento computarizado que tiene aproximadamente el tamaño de un localizador o un pequeño teléfono celular. Lo puedes usar en tu cinturón o en tu bolsa. La bomba provee un aporte continuo de insulina, eliminando la necesidad de inyecciones diarias.

La bomba tiene un contenedor que llenas con insulina. Un pequeño tubo flexible conecta el contenedor de insulina a un catéter que está insertado debajo de la piel de tu abdomen. Utilizas una aguja para insertar el catéter y después retiras la aguja.

Basada en información que programas en el instrumento, la bomba aporta una infusión continua (basal) de insulina de acción muy rápida o rápida, y un bolo extra antes de los alimentos para cubrir un aumento esperado de glucosa en sangre derivado de tus alimentos.

Cada dos o tres días necesitas cambiar el sitio de infusión. Para hacer esto, extrae el catéter e inserta uno nuevo en un sitio diferente. Tu médico o educador en diabetes probablemente te recomendará que rotes el sitio de inyección entre los cuatro cuadrantes de tu abdomen. El reservorio que contiene a la insulina también necesita ser rellenado cada pocos días.

Si decides utilizar una bomba de insulina, recibirás entrenamiento exhaustivo en todos los aspectos del uso de la bomba. Durante este entrenamiento aprenderás cómo determinar tus requerimientos de insulina, cómo programar tu bomba para que administre con seguridad la insu-

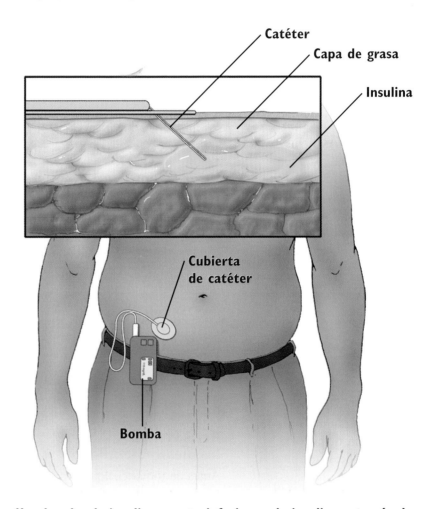

Una bomba de insulina aporta infusiones de insulina a través de un catéter que está colocado en la capa de grasa debajo de la piel de tu abdomen. La bomba está programada para liberar cantidades específicas de insulina automáticamente. Puede ser programada para liberar más o menos insulina, dependiendo de tus alimentos, tipo de actividad y cantidad de azúcar en sangre.

lina, cómo insertar el catéter y el cuidado del sitio de inyección.

Conveniencia y control

Diversos estudios confirman la eficacia de la terapia con la bomba de insulina, conocida como infusión de insulina subcutánea continua (IISC). La principal ventaja de la bomba de insulina es mejor el control de la glucosa en sangre. Las personas que utilizan apropiadamente la bomba de insulina a menudo son capaces de alcanzar niveles normales o cercanos a los normales de azúcar en la sangre.

Muchas personas sienten que una bomba de insulina también permite un estilo de vida más flexible. Otras ventajas incluyen:

- Alarmas de seguridad integradas que te permiten saber si la línea de conexión está obstruida tu depósito de insulina o las pilas están bajas
- Despliega en la memoria los aportes previos de insulina
- La capacidad de programar diferentes ritmos de aporte de insulina para ayudar a prevenir niveles bajos y altos de azúcar en sangre
- La capacidad para controlar el aporte de insulina relacionado con los alimentos
- La capacidad de suspender o disminuir el aporte de insulina durante la actividad física
- Tecnología de liberación rápida para desconectar fácilmente el tubo de infusión en situaciones como ducharse, nadar, o actividad sexual
- Mejor control de glucosa en sangre en situaciones de difícil control: viaje, cambios frecuentes de trabajo, horarios irregulares

¿Quién es candidato?

Las bombas de insulina pueden ser benéficas, pero no son para todos. Si estás haciendo un buen trabajo al controlar tu diabetes sin una bomba, la inversión puede no traer mejoras significativas.

Para beneficiarte de una bomba necesitas utilizarla apropiadamente, examinar tu glucosa en sangre de manera regular y trabajar de cerca con tu médico o educador en diabetes. Algunas personas encuentran esto demasiado demandante.

Las bombas también son caras, ya que pueden costar varios miles de dólares. Sin embargo, el seguro cubre este costo, totalmente o en parte.

Otros inconvenientes incluyen el riesgo de infección en el sitio de aplicación, glucosa en sangre elevada si la bomba falla en el aporte de insulina, y la dificultad para incorporar la bomba en algunas actividades físicas.

Algunas mujeres con diabetes que están embarazadas o están intentándolo prefieren una bomba de insulina. La glucosa en sangre alta durante las primeras etapas del embarazo puede producir defectos congénitos y enfermedades en los niños. El control estricto de glucosa en sangre reduce ese riesgo.

La bomba de insulina también beneficia a las personas con:

Episodios graves de glucosa en sangre baja

Una bomba puede reducir la incidencia de hipoglucemia grave.

Control deficiente a pesar de tratamiento con múltiples inyecciones

La terapia con bomba de insulina puede satisfacer las necesidades de insulina de algunas personas mejor que las inyecciones de insulina.

Sensibilidad extrema a la insulina

Una bomba puede aportar cantidades muy pequeñas de insulina, lo que es difícil de hacer con inyecciones.

Efecto amanecer

Algunas personas experimentan incremento en la producción de glucosa en las primeras horas de la mañana, llamado efecto amanecer, y necesitan más insulina en ese momento. Una bomba puede incrementar el aporte de insulina durante ese momento.

Horarios variables

Una bomba te permite la libertad de programar tus dosis de insulina para cubrir tus necesidades cambiantes.

Utilizar la bomba de manera correcta

Una persona que utiliza una bomba no puede tenerle miedo a los instrumentos mecánicos. Y es esencial que tengas una clara comprensión de la relación entre insulina, comida y actividad para que puedas programar tu bomba para que te ayude en situaciones cambiantes.

Aun cuando utilices una bomba, todavía necesitas revisar tu glucosa en sangre varias veces al día. También es importante que te encuentres con regularidad con tu médico o educador en diabetes para asegurar que estás utilizando el instrumento de manera correcta.

Bomba de insulina implantable

Un sistema de bomba de insulina implantable se está evaluando clínicamente, pero todavía no está disponible para uso público en Estados Unidos. Implantar una bomba de insulina en la parte baja de tu abdomen puede ser más conveniente y menos notorio. La bomba libera pequeñas cantidades de insulina durante todo el día, lo que puede ayudar a las personas que tienen dificultad en mantener un buen control de glucosa.

Medicamentos orales para la diabetes

Si tienes diabetes tipo 2, hay diversos enfoques para ayudar a controlar tu azúcar (glucosa) en sangre. Aunque muchas personas pueden controlar la diabetes tipo 2 con alimentación apropiada, ejercicio y manteniendo un peso saludable, los cambios en el estilo de vida por sí solos no son suficientes para algunas personas.

Puedes necesitar medicamentos para ayudar a controlar tu glucosa en sangre, pero recuerda que una dieta saludable y ejercicio regular también juegan un papel clave.

Están disponibles diversas clases de medicamentos orales. Cada clase tiene diferente estructura química y su propio método para disminuir la glucosa en sangre. Algunos medicamentos orales estimulan a tu páncreas para liberar más insulina, otros hacen que las células de tu cuerpo sean más sensibles a los efectos de la insulina, y todavía hay otros que disminuyen la absorción de carbohidratos de tu cuerpo.

Tu médico puede recomendarte más de un medicamento, o puedes necesitar tomar medicamentos junto con insulina. La mayoría de las personas inicia con un medicamento oral.

Platica con tu médico o educador en diabetes acerca de los pros y contras de cada medicamento –ellos te recomendarán una opción con base en tus necesidades específicas–. El cuadro de las páginas 130 y 131 enlista diversas clases de medicamentos para diabetes, con ejemplos de sus principales ventajas y desventajas.

La decisión sobre qué tipo de medicamento puede ser mejor para ti está basado en diversos factores, como:

- Si tienes sobrepeso (algunos medicamentos para diabetes producen ganancia de peso)
- Tus niveles de glucosa en sangre y cuándo tienden a elevarse (después de los alimentos, por ejemplo)
- Si tienes problemas de salud adicionales
- Fuerza (potencia) del medicamento
- Posibles efectos colaterales
- Costo, en especial cuando son necesarios varios medicamentos

¿Hay algún remedio de herbolaria que ayudará a tratar la diabetes tipo 2?

Algunas personas con diabetes toman remedios herbolarios en un esfuerzo para disminuir sus síntomas, aunque la efectividad y los efectos colaterales de estos remedios en general son desconocidos. Esto es riesgoso. Los fabricantes no tienen que probar a la Administración de Alimentos y Medicamentos (FDA, por sus siglas en inglés) que un suplemento de herbolaria es seguro o efectivo antes de lanzarse al mercado. También necesitas ser muy cauteloso respecto al uso de productos de herbolaria fabricados o comprados fuera de Estados Unidos.

La Asociación Americana de Diabetes alerta en contra del uso de suplementos de herbolaria porque existe poca investigación para probar que los remedios son seguros y efectivos.

Sulfonilureas

Las sulfonilureas han sido usadas durante décadas para controlar la glucosa en sangre. Los medicamentos funcionan al estimular las células beta de tu páncreas para producir más insulina. Por lo tanto, para beneficiarte del medicamento, tu páncreas debe ser capaz de producir algo de insulina por sí mismo.

Glimepirida (Amaryl, nombre genérico), glipizida (Glucotrol, nombre genérico) y gliburida (DiaBeta, Glinase, Micronase, nombre genérico) son las sulfonilureas de uso más común. Glipizida está disponible en dos formas. Una versión de acción rápida y una versión de liberación sostenida (XL). Otras sulfonilureas, enlistadas en la nota al pie de la página 130, tienden a tener más efectos colaterales.

Posibles efectos colaterales

La glucosa en sangre baja (hipoglucemia) es un efecto colateral común de las sulfonilureas. Estás en un riesgo mucho mayor de desarrollar hipoglucemia si tienes disminución de la función del hígado o del riñón (renal). Si tienes una de estas condiciones, tu médico podría decidir no prescribir una sulfonilurea.

Precauciones

Hacer cualquier cosa que reduzca tu glucosa en sangre después de haber tomado una sulfonilurea, como saltarte un alimento o ejercitarte más de lo habitual, puede derivar en glucosa en sangre baja. Tomar alcohol o ciertos medicamentos con sulfonilureas, incluyendo descongestionantes, también pueden producir glucosa en sangre baja al estimular los efectos del medicamento. Medicamentos como esteroides y niacina pueden disminuir la efectividad de las sulfonilureas.

Biguanidas

Las biguanidas mejoran la respuesta de tu cuerpo a la insulina, disminuyendo la resistencia a ésta. Entre alimentos, tu hígado libera glucosa almacenada hacia el torrente sanguíneo. A menudo demasiada glucosa es liberada en personas con diabetes tipo 2. Las biguanidas reducen la cantidad de glucosa que libera tu hígado durante el ayuno. Como resultado, necesitas menos insulina para transportar glucosa de tu sangre hacia tus células individuales.

Metformina (Glucophage, nombre genérico) es el único medicamento de esta clase disponible en Estados Unidos. La metformina también está disponible en píldoras de liberación prolongada (Fortamet, Glucophage XR, nombres genéricos) y en forma líquida (Riomet).

Un beneficio importante del medicamento es que está asociado con menor ganancia de peso que otros medicamentos para la diabetes y puede promover pérdida de peso. Por esta razón, es prescrito con frecuencia a personas con sobrepeso y obesas con diabetes tipo 2. Además, el medicamento puede reducir grasas en sangre (colesterol y triglicéridos), que tienden a estar más altas de lo normal en personas con diabetes tipo 2.

Posibles efectos colaterales

La metformina es por lo general bien tolerada, pero puede producir efectos colaterales. Haz saber a tu médico si experimentas cualquiera de éstos:

- Pérdida de apetito
- Náusea o vómito
- Gas o diarrea
- Distensión, malestar o dolor abdominal
- Cambios en la percepción del sabor, como un sabor metálico no agradable en tu boca

Precauciones

Debido al elevado riesgo de acidosis láctica, por lo regular la metformina no es prescrita si tienes enfermedad de riñón, hígado, pulmón, insuficiencia cardiaca o cualquier otra enfermedad que pueda causar que tu cuerpo produzca demasiado ácido láctico.

Las siguientes precauciones también son importantes si tomas este medicamento:

- Si tomas alcohol a diario o en ocasiones te excedes, la metformina y el alcohol pueden producir acidosis láctica, te enfermarías. Si tomas alcohol discute esto con tu médico.
- Si tomas el medicamento gastrointestinal cimetidina (Tagamet), tu dosis de metformina puede necesitar ser disminuida. La cimetidina puede interferir con la capacidad de tus riñones para eliminar de tu cuerpo la metformina, lo que provoca acumulación del medicamento y posible acidosis láctica.
- Debido al potencial para producir acidosis láctica, es importante dejar de tomar metformina antes de realizar cualquier procedimiento que incluya el uso de una sustancia intravenosa (IV) de contraste. Las sustancias de contraste algunas veces son utilizadas en procedimientos de imagenología, como la tomografía computarizada (TC).

Medicamentos orales para diabetes tipo 2

Cada tipo de medicamento que controla la glucosa en sangre trabaja de manera diferente, y algunos medicamentos no son para niños. He aquí las principales ventajas y desventajas –véase las páginas 128 a 133 para más detalles–. Tu médico puede recomendar uno o más medicamentos. Platica con tu médico o farmacéutico antes de tomar cualquier medicamento prescrito o sin receta. Es mejor conseguir todos tus medicamentos prescritos en la misma farmacia para que tu farmacéutico pueda alertarte sobre cualquier interacción potencial del medicamento.

Clase de medicamento Nombre del medicamento (nombre comercial)	Cómo funcionan
Sulfonilureas* Glimepirida (Amaryl) Glipizida (Glucotrol, Glucotrol XL) Gliburida (DiaBeta, Glynase, Micronase)	Estimulan a tu páncreas a liberar más insulina
Biguanidas Metformina (Fortamet, Glucophage, Glucophage XR, Riomet)	Reducen la cantidad de glucosa que libera tu hígado hacia el torrente sanguíneo entre alimentos
Inhibidores de alfa-glucosidasa Acarbose (Precose) Miglitol (Glyset)	Disminuyen la absorción de glucosa hacia tu torrente sanguíneo después de comer carbohidratos
Tiazolidinedionas, también llamadas TZD Pioglitazona (Actos) Rosiglitazona (Avandia)	Ayudan a reducir la glucosa en sangre al hacer a los tejidos del cuerpo más sensibles a la insulina (puede tomar algunas semanas notar el efecto sobre la glucosa en sangre)
Meglitinidas Nateglinida (Starlix) Repaglinida (Prandin)	Estimulan a tu páncreas a liberar más insulina cuando la cantidad de glucosa se eleva después de un alimento

* Acetohexamida, clorpropamida (Diabinese), tolazamida (Tolinasa) y tolbutamida son algunas de las primera Sulfonilureas puestas en el mercado, pero ahora su uso es raro debido a que es común que tengan más efectos colaterales que los medicamentos más recientes.

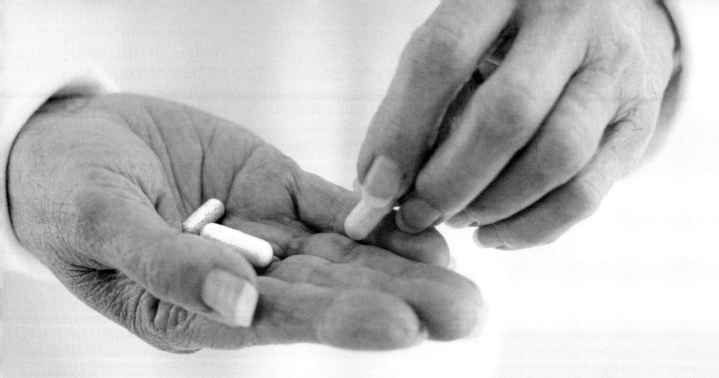

Principales ventajas	Principales desventajas
Funcionan bien con otros medicamentos orales para diabetes, logrando mayor efectividad para disminuir glucosa en sangre	Pueden producir disminución de glucosa en sangre anormal (hipoglucemia)
No producen hipoglucemia; pueden promover pérdida de peso; pueden reducir grasas en sangre (colesterol y triglicéridos)	Pueden producir náusea, malestar estomacal y diarrea (es común que se resuelva con el tiempo); un efecto colateral raro, grave, es la acidosis láctica (el ácido láctico se incrementa en tu cuerpo)
Limitan la rápida elevación de glucosa en sangre que puede presentarse después de los alimentos (cuando se toman con alimentos); pueden promover pérdida de peso	Pueden producir distensión abdominal y malestar, gas y diarrea, por lo que se inicia con dosis más pequeñas; dosis altas pueden dañar tu hígado. Menos efectivos para disminuir glucosa en sangre que otros medicamentos orales
Conveniencia: se toman una o dos veces al día con o sin alimentos; no están relacionados con malestar estomacal cuando se usan solos	Pueden producir efectos colaterales como ganancia de peso, hinchazón (edema) y retención de líquidos que pueden derivar o empeorar insuficiencia cardiaca; pueden incrementar el riesgo de infarto al miocardio; pueden producir problemas en el hígado; pueden disminuir los efectos de las píldoras anticonceptivas
Cuando se toman con alimentos trabajan rápidamente para reducir los niveles altos de glucosa; menor probabilidad que las sulfonilureas de producir hipoglucemia	Los efectos desaparecen rápidamente y los medicamentos deben ser tomados con cada alimento; pueden producir malestar estomacal e hipoglucemia

Inhibidores de alfa-glucosidasa

Los inhibidores de alfa-glucosidasa bloquean la acción de las enzimas del tracto digestivo que desdoblan carbohidratos a glucosa, lo que retrasa la digestión de carbohidratos. La glucosa es absorbida hacia tu torrente sanguíneo de manera más lenta que lo habitual, limitando la elevación rápida de glucosa en sangre que habitualmente ocurre justo después de un alimento.

Dos medicamentos están en esta clase: acarbosa (Precose) y miglitol (Glyset). Los tomas con cada alimento. Debido a que estos medicamentos no son tan efectivos como las sulfonilureas o la metformina para controlar la glucosa en sangre, por lo regular son prescritos junto con otros medicamentos para controlar los niveles altos de glucosa después de los alimentos (elevaciones posprandiales).

Posibles efectos colaterales

Los inhibidores de alfa-glucosidasa pueden causar efectos colaterales gastrointestinales, incluyendo distensión y dolor abdominal, gas y diarrea. Estos efectos habitualmente ocurren durante las primeras semanas y disminuyen con el tiempo. Si inicias con una dosis pequeña y poco a poco incrementas la cantidad, tienes mayor probabilidad de tener síntomas leves en vez de graves.

Utilizados solos, estos medicamentos no producen hipoglucemia. Pero, cuando son tomados con otro medicamento oral para diabetes, como una sulfonilurea, o con insulina, corres un riesgo más alto de tener glucosa en sangre baja. Si experimentas hipoglucemia, toma leche o utiliza tabletas o gel de glucosa para tratarla. No utilices azúcar de mesa (sacarosa) o jugo de fruta debido a que los inhibidores de la alfa-glucosidasa bloquean la absorción.

Precauciones

Debido a los posibles efectos colaterales digestivos, no debes tomar acarbosa o miglitol si tienes estas condiciones médicas:
- Síndrome de intestino irritable
- Colitis ulcerativa o enfermedad de Crohn
- Obstrucción intestinal parcial o predisposición a este problema
- Trastorno crónico de malabsorción, como enfermedad celiaca
- Problemas graves de riñón o hígado

Si se toma en dosis altas, la acarbosa puede lesionar tu hígado. Afortunadamente, por lo regular el daño es reversible al reducir la dosis del medicamento o suspenderlo.

Tiazolidinedionas (TZD)

Muchas personas con diabetes tipo 2 tienen resistencia a la insulina, lo que impide que esta trabaje apropiadamente. Las tiazolidinedionas, también llamadas TZD, ayudan a reducir la glucosa en sangre al hacer a los tejidos del cuerpo más sensibles a la insulina. Mientras más efectiva es la insulina para aportar glucosa al interior de tus células, menos permanece en tu torrente sanguíneo.

Este tipo de medicamentos incluye la pioglitazona (Actos) y rosiglitazona (Avandia).

Posibles efectos colaterales

Los efectos colaterales del medicamento pueden incluir ganancia de peso, hinchazón (edema) y retención de líquidos. En algunas personas, el incremento en la retención de líquidos produce o empeora la insuficiencia cardiaca, y la rosiglitazona puede incrementar el riesgo de infarto del miocardio.

Algunos de los siguientes signos o síntomas podrían indicar insuficiencia cardiaca. Contacta a tu médico de inmediato si experimentas:
- Falta de aire
- Problemas para dormir, como despertarte con falta de aire
- Debilidad o cansancio
- Ganancia rápida de peso (de la retención de líquidos)
- Hinchazón (edema) en tus piernas, tobillos o pies

Un efecto colateral raro pero grave de las TZD es daño al hígado. Antes de tomar pioglitazona o rosiglitazona, tu médico debe indicar exámenes de sangre para evaluar la salud de tu hígado. También debes revisar tu hígado cada dos meses durante el primer año de terapia. Contacta a tu médico de inmediato si experimentas signos y síntomas de daño en el hígado, como:
- Náusea inexplicable
- Vómito
- Dolor abdominal
- Incremento de cansancio
- Pérdida del apetito
- Pérdida de peso importante
- Orina oscura
- Coloración amarilla de piel y ojos (ictericia)

Precauciones

Tomadas solas, las TZD no producen glucosa en sangre baja, pero, cuando se utilizan con una sulfonilurea o insulina, puede presentarse hipoglucemia.

Las TZD pueden hacer que las píldoras anticonceptivas sean menos efectivas. Además, para una mujer que no está ovulando, pero que todavía no ha llegado a la menopausia, es posible que tomar una TZD pudiera producir el inicio de la ovulación con riesgo de embarazo.

Meglitinidas

Las meglitinidas son químicamente diferentes a las sulfonilureas, pero sus efectos son similares. Estos medicamentos producen liberación rápida de insulina por tu páncreas pero de vida corta. Debido a que trabajan rápidamente y sus efectos desaparecen muy rápido, los medicamentos son tomados con alimentos, y entran en acción poco después, cuando tu nivel de glucosa está en lo más alto. Nateglinida (Starlix) y repaglinida (Prandin) son los únicos medicamentos de este tipo que han recibido la aprobación de la Administración de Alimentos y Medicamentos (FDA). Si tienes enfermedad del hígado o del riñón, es probable que tu médico lo tome en cuenta cuando decida si las meglitinidas son apropiadas para ti.

Posibles efectos colaterales

Como las sulfonilureas, las meglitinidas pueden producir glucosa en sangre baja (hipoglucemia). Sin embargo, el riesgo de hipoglucemia es más bajo debido a su corta duración de acción. Los medicamentos pueden producir malestar estomacal en algunas personas.

Precauciones

Si no tomaste un alimento, sáltate esa dosis. De manera similar a las sulfonilureas, ten cuidado de posibles interacciones con medicamentos si estás tomando otros o si bebes alcohol.

? **¿Qué debo hacer si olvidé mi medicamento?**

Depende de qué medicamento tomes. Por ejemplo, los inhibidores de alfa-glucosidasa sólo deben ser tomados con alimentos. Si olvidas una dosis, puedes tomarla si justo terminaste de comer —de otra manera, espera hasta el siguiente alimento—. Con ciertos medicamentos, como metformina, si te retrasaste seis o más horas, no los tomes, y no dupliques la siguiente dosis, sólo continúa con tu horario regular de medicamentos.

Para recomendaciones específicas, revisa las instrucciones que vienen en tu prescripción, o llama al farmacéutico o al médico para consejo.

Combinación de medicamentos orales

La meta de la terapia de combinación es maximizar los efectos de disminución de la glucosa de los medicamentos para diabetes. Al combinar medicamentos de diferentes clases, la medicación puede trabajar de dos maneras diferentes para controlar tu glucosa en sangre. La terapia de combinación más común es tomar dos medicamentos diferentes al mismo tiempo. Dos medicamentos también pueden estar combinados en una sola píldora (ver "Píldoras combinadas").

Algunos médicos prescriben tres medicamentos al mismo tiempo. Se necesitan más estudios para determinar los beneficios de la terapia con tres medicamentos, pero esto puede ser una opción si dos medicamentos orales no logran tu meta.

Una sulfonilurea y metformina

Las sulfonilureas a menudo son la base de la terapia de combinación debido a su capacidad para estimular y mantener la secreción de insulina. Una sulfonilurea combinada con metformina es la combinación de medicamentos más extensamente estudiada. Los medicamentos parecen trabajar de manera más efectiva juntos que como lo hacen de manera individual.

La metformina puede ayudar a las personas que tienen sobrepeso a evitar ganancia de peso adicional y, en algunos casos, a perder peso. Los efectos colaterales de esta combinación de medicamentos incluyen náusea, diarrea y riesgo de baja glucosa en sangre.

Una sulfonilurea y un inhibidor de alfa-glucosidasa

Combinar acarbosa o miglitol con una sulfonilurea es especialmente efectivo si experimentas picos significativos en tu glucosa en sangre inmediatamente después de los alimentos. Los posibles efectos colaterales incluyen cólico abdominal, gas y diarrea. También puedes experimentar glucosa en sangre baja. Otra vez, asegúrate de tratar los episodios de hipoglucemia con leche, tabletas o gel de glucosa debido a que los inhibidores de alfa-glucosidasa bloquean la absorción de azúcar de mesa y jugo de frutas.

Una sulfonilurea y una TZD

Agregar un medicamento TZD a una sulfonilurea puede ayudar cuando la dosis máxima de una sulfonilurea no te está funcionando, tienes sobrepeso y tus células tienen resistencia alta a la insulina. Esta combinación también incrementa tu riesgo de baja glucosa en sangre debido a que las TZD mejoran el uso de tu cuerpo de la insulina estimulada por las sulfonilureas.

Metformina y un inhibidor de alfa-glucosidasa

Los estudios han mostrado de manera consistente que la combinación de acarbosa (un inhibidor de alfa-glucosidasa) y metformina es más efectiva para reducir glucosa en sangre después de los alimentos que la metformina sola. Miglitol (otro inhibidor de alfa-glucosidasa) no ha sido tan estudiado en combinación con metformina como acarbosa, pero es probable que apliquen los mismos beneficios.

Los posibles efectos colaterales de la combinación de metformina y un inhibidor de alfa-glucosidasa son los mismos que los asociados con el uso de metformina o un inhibidor de alfa-glucosidasa. Los síntomas gastrointestinales son los efectos colaterales más comunes.

Metformina y una TZD

Las TZD pioglitazona y rosiglitazona están aprobadas por la Administración de Alimentos y Medicamentos (FDA) para usarse con metformina. La terapia de combinación es más efectiva para reducir glucosa en sangre que cualquier clase de medicamentos solos. Las precauciones y efectos colaterales son los mismos enlistados para los medicamentos de manera individual.

Píldoras combinadas

La mayoría de las terapias de combinación implican tomar dos medicamentos diferentes. Sin embargo, la FDA ha aprobado tres tipos de píldoras combinadas:

- Glipizida/metformina (Metaglip, nombre genérico)
- Gliburida/metformina (Glucovance)
- Rosiglitazona/metformina (Avandamet)

Aunque las píldoras combinadas son convenientes debido a que tomas menor cantidad de píldoras, hay desventajas. Por ejemplo, si tienes un efecto colateral, es más difícil decir qué medicamento puede estar causándolo. Pero, si tomaste dos píldoras separadas, el médico podría aconsejarte suspender una a la vez para ver cuál está relacionada con el efecto colateral.

Medicamentos orales e insulina

La combinación de insulina con un medicamento oral puede ayudar a que ambos medicamentos funcionen de manera más efectiva. La combinación también suele disminuir tus requerimientos diarios de insulina y puede limitar la ganancia de peso asociada a la insulinoterapia sola.

Una sulfonilurea e insulina

Agregar una dosis de insulina al acostarse a tu dosis regular de una sulfonilurea puede mejorar el control de glucosa en sangre. A primera vista, una sulfonilurea e insulina no parece ser una combinación probable debido a que ambos aumentan los niveles de insulina. Sin embargo, promueven la circulación de insulina en diferentes partes de tu cuerpo. Utilizar una sulfonilurea con insulina puede permitirte usar dosis más bajas de insulina y lograr el mismo control.

Llamada terapia de insulina al acostarse con sulfonilurea durante el día (IASD), esta terapia puede ser útil si una combinación de sulfonilurea y metformina no te ha funcionado.

Metformina e insulina

Similar a la combinación con sulfonilurea, combinar metformina con insulina puede reducir tu dosis de insulina. La metformina ayuda a tu hígado a ser más sensible a la insulina, haciendo mejor uso de ella. La metformina también contrarresta el problema de ganancia de peso asociado con el uso de insulina. De hecho, en verdad puedes perder peso cuando utilizas esta combinación.

Un inhibidor de alfa-glucosidasa e insulina

Acarbosa, un inhibidor de alga-glucosidasa, está aprobado por la FDA para usar con insulina. La acarbosa hace más lenta la absorción de carbohidratos, lo que puede reducir tu necesidad diaria de insulina, pero esto también incremente el riesgo de baja glucosa en sangre que puede ocurrir con la insulinoterapia.

Una TZD e insulina

Si tu glucosa en sangre está bien controlada, una TZD con insulina puede reducir tu necesidad diaria de insulina. Si tienes problemas para controlar tu glucosa en sangre, agregar una TZD puede ayudar a regular mejor tu glucosa en sangre. Sin embargo, esta combinación no está recomendada debido a que puede producir ganancia de peso significativa.

Los efectos secundarios incluyen baja glucosa en sangre e incremento del riesgo de retención de líquidos e insuficiencia cardiaca en algunas personas, junto con los efectos colaterales de las TZD.

Insulina y diabetes tipo 2

La insulina por lo general está relacionada con el tratamiento de diabetes tipo 1, pero también es un medicamento efectivo para tratar la de tipo 2. Puedes recibir insulina sola, o usarla en combinación con medicamentos orales para diabetes. Tu médico puede recomendar inyecciones de insulina si tienes control deficiente de tu diabetes, debido a que tu páncreas no está produciendo suficiente insulina o tú no estás respondiendo a otros medicamentos. Tu médico también puede indicar primero insulina si:

- Tu nivel de glucosa en sangre en ayuno está muy alta –más de 300 miligramos por decilitro (mg/dL)– y tienes un nivel alto de cetonas en tu orina
- Tienes un nivel de glucosa en sangre en ayuno muy alto y estás experimentando síntomas de diabetes, como sed excesiva y orinar con frecuencia
- Tienes diabetes gestacional que no puede ser controlada con dieta Puedes necesitar recibir insulina por un periodo breve para ayudar a tener tu diabetes bajo control durante una enfermedad, o puedes utilizar el medicamento a largo plazo para mantener tu glucosa en sangre en un límite seguro.

Propuestas de nuevos medicamentos

Estos medicamentos aprobados recientemente –dos son inyectables y uno es oral– están cambiando el tratamiento de la diabetes.

Exenatida (Byetta)

La exenatida (Byetta) pertenece a una nueva clase de medicamentos llamados incretinomiméticos, que simulan la acción de las hormonas humanas llamadas incretinas. Se presentan en una ampolleta prellenada y es inyectada dos veces a diario bajo la piel de tu muslo, abdomen o brazo. Otra versión del medicamento, llamada exenatida LAR, sólo necesita ser inyectada una vez a la semana, pero todavía no está disponible para uso.

La exenatida simula la acción de una hormona secretada por el intestino —péptido parecido al glucagon 1 (PPG-1)— que provoca la producción de insulina después de un alimento, pero sólo si los niveles de glucosa en sangre están elevados. Esto difiere de los actuales medicamentos, que promueven la producción de insulina independientemente del nivel de glucosa en sangre.

La exenatida también reduce la liberación de una hormona llamada glucagon, que de otra manera elevaría la glucosa en sangre después de los alimentos. La exenatida también puede hacer más lento el vaciamiento del estómago.

La exenatida se usa con metformina o una sulfonilurea, o una combinación de las dos. La exenatida puede disminuir tu apetito, por lo que puedes comer menos, dando como resultado pérdida de peso modesta.

Efectos colaterales

El efecto colateral más común de la exenatida es náusea, la que con frecuencia mejora con el tiempo. Otros efectos colaterales incluyen vómito, diarrea, vahído, dolor de cabeza, nerviosismo y acidez estomacal. La exenatida tomada con una sulfonilurea incrementa el riesgo de hipoglucemia. Disminuir la dosis de sulfonilurea puede reducir este riesgo. La exenatida también suele incrementar el riesgo de pancreatitis aguda.

Sitagliptina (Januvia)

Este medicamento también es un incretinomimético, pero a diferencia de la exenatida es un medicamento oral. Puede ser usado junto con dieta y ejercicio para mejorar el control glucémico en personas con diabetes tipo 2. También puede ser tomado como terapia adicional en combinación con otro medicamento, como metformina.

Efectos colaterales

Los efectos colaterales más comunes fueron infección del tracto respiratorio, dolor de garganta y diarrea.

Pramlintida (Symlin)

El primero de una nueva clase de medicamentos llamados amilinomiméticos, la pramlintida (Symlin) simula la acción de la hormona humana amilina, producida por el páncreas.

Con una aguja y jeringa, puedes inyectarte pramlintida en el área de tu estómago (abdomen) o en tu muslo inmediatamente antes de los alimentos. Esto hace más lento el movimiento de alimento a través de tu estómago después de las comidas. Como resultado, afecta qué tan rápidamente entra la glucosa a tu torrente sanguíneo.

La pramlintida también parece estar ligada con pérdida de peso modesta. Está diseñada para adultos con diabetes tipo 1 o tipo 2 que requieren insulina y no están alcanzando sus niveles objetivo de glucosa en sangre. Nunca mezcles pramlintida e insulina en la misma jeringa.

Efectos colaterales

El efecto colateral más común de pramlintida es náusea, lo que con frecuencia mejora con el tiempo. Otros efectos colaterales incluyen vómito, dolor abdominal, dolor de cabeza, fatiga y vahído.

Además, la pramlintida está ligada con incremento del riesgo de hipoglucemia grave inducida por insulina (vista en las primeras tres horas después de la inyección), en particular en personas con diabetes tipo 1. La hipoglucemia grave dificulta pensar con claridad o conducir.

Sigue las instrucciones de tu médico para reducir tu riesgo de hipoglucemia. Cuando empiezas a utilizar pramlintida, por lo regular tu médico te dirá que reduzcas tu cantidad de insulina a la mitad.

Diálisis renal

El buen control de tus niveles de azúcar (glucosa) en sangre y de la presión arterial son dos factores clave para ayudar a prevenir problemas del riñón. Durante varios años, la enfermedad renal de largo plazo puede llevar a insuficiencia renal, también llamada enfermedad renal terminal o ERT, que es una condición seria y amenazadora para la vida. Esto es cuando tus riñones no pueden eliminar más los residuos dañinos de tu sangre y tu cuerpo retiene líquidos extra.

Ya sea que tengas diabetes tipo 1 o tipo 2, cuando la función de tus riñones para trabajar de manera adecuada falla, tienes dos opciones de tratamiento: diálisis renal o trasplante renal. Muchas personas necesitan diálisis mientras esperan un trasplante renal.

Hay otros tipos de trasplante, incluido el de páncreas y el de células de islotes, que intentan recuperar la producción de insulina en personas con diabetes.

La evaluación para cualquier tipo de trasplante —renal u otro— evaluará si tú:

- Estás suficientemente sano para practicarte cirugía y tolerar los medicamentos postrasplante toda la vida
- Tienes una condición médica que haría poco probable el éxito del trasplante
- Tienes la voluntad y capacidad de tomar medicamentos como se te indique
- Tienes la fuerza emocional suficiente para tolerar la larga espera de un donador de órganos, y tienes familia y amigos que te apoyan y ayudan durante este tiempo estresante

¿Qué es la diálisis renal?

La diálisis renal es una forma artificial de eliminar los productos de desecho y líquidos extra de tu sangre cuando tus riñones ya no pueden hacer más esto. Hay dos tipos principales de diálisis: hemodiálisis y diálisis peritoneal.

Hemodiálisis

La forma más común de diálisis es hemodiálisis. Filtra tu sangre a través de un riñón artificial (dializador) para eliminar líquidos extra, químicos y desperdicios. La sangre es bombeada fuera de tu cuerpo hacia el riñón artificial a través de un punto de acceso (creado quirúrgicamente a partir de tus propios vasos sanguíneos o un pedazo de tubo), por lo regular en tu brazo.

La cirugía para realizar el acceso es hecha habitualmente un par de meses antes de que empiece la diálisis, para dar tiempo a que sane. La mayoría de las personas necesita el tratamiento tres veces a la semana, alrededor de tres a cinco horas en cada sesión. Por lo regular esto se realiza en un centro de diálisis, aunque también se puede llevar a cabo en casa si tienes a alguien que te ayude.

Durante la diálisis, puedes tener efectos colaterales, como tensión arterial inestable o baja, calambres o malestar estomacal. Junto con la hemodiálisis, medicamentos (como anticoagulantes, antihipertensivos y suplementos de hierro) y una dieta especial completarán tu plan de tratamiento.

Diálisis peritoneal

Este tipo de diálisis utiliza la red de delgados vasos sanguíneos de tu abdomen (cavidad peritoneal) para filtrar tu sangre. Primero, un cirujano implanta un pequeño tubo flexible (catéter) dentro de tu abdomen y le da tiempo para sanar. Después estás listo para usar uno de los métodos descritos abajo.

En ambos métodos se infunde una solución de diálisis al interior de tu abdomen que luego se extrae para eliminar desperdicios, químicos y agua extra. Cada ciclo es llamado un intercambio. Con la diálisis peritoneal puedes ser más independiente ya que no tienes que viajar al centro de diálisis.

Diálisis peritoneal continua ambulatoria (DPCA)

La DPCA puede ser realizada en casa, el trabajo o cualquier lugar limpio —realizas los intercambios a mano en vez de usar una máquina—. Cada intercambio toma alrededor de 30 a 40 minutos, y se efectúa cuatro o cinco veces cada día. Entre los intercambios, puedes llevar a cabo tus actividades normales.

Diálisis peritoneal cíclica continua (DPCC)

También llamada diálisis peritoneal automatizada. En ella una máquina infunde de manera automática el líquido limpiador al interior de tu cavidad peritoneal y se vacía varias veces durante la noche mientras duermes. Esto permite que tus días estén libres, pero necesitas estar conectado a la máquina por las noches de 10 a 12 horas.

DPCA y DPCC

Si pesas más de 780 kilogramos o el filtrado de desperdicios es lento, puedes necesitar una combinación de DPCA y DPCC para alcanzar la dosis correcta de diálisis.

Desventajas

La diálisis puede cambiar dramáticamente tu estilo de vida debido a la frecuencia que requieren los tratamientos. También tendrás que seguir una dieta especial para manejar tu ingesta de proteínas, líquido, sal (sodio), potasio y fósforo.

Con la diálisis peritoneal, debes tener cuidado respecto a la técnica, para prevenir infecciones abdominales graves en la abertura por donde el catéter entra a tu abdomen. Además, muchas personas en diálisis están predispuestas a trastornos del sueño, problemas en huesos, retención de líquidos y otras condiciones graves.

El trasplante renal ofrece la mejor oportunidad de recuperar la función renal normal y un estilo de vida más regular. También ofrece mejores pronósticos de sobrevida a largo plazo, pero no está exento de riesgos y hay listas de espera muy largas.

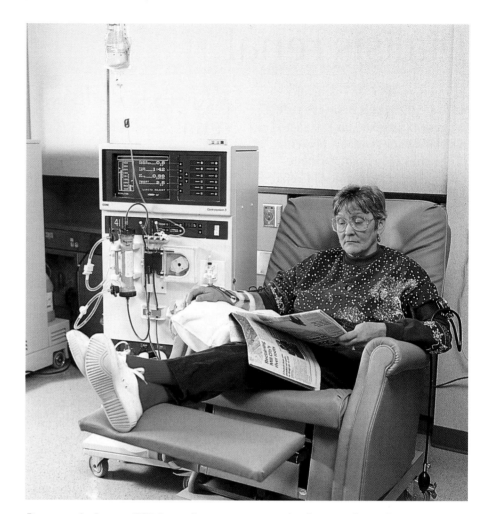

Durante la hemodiálisis se inserta una aguja dentro de tu brazo a través de un punto de acceso especial. Después, tu sangre pasa a través de la aguja y un tubo especial hacia la máquina llamada dializador, que filtra unos pocos mililitros de sangre por vez. La sangre filtrada regresa a tu cuerpo a través de otra aguja. Mientras recibes el tratamiento puedes leer, ver televisión, tomar una siesta o realizar otras actividades sedentarias. Algunas personas utilizan este tiempo para poner al día sus llamadas telefónicas.

Cuidados del punto de acceso

Antes de iniciar la hemodiálisis, un cirujano crea un punto de acceso para que la sangre salga para ser limpiada y después reingrese a tu cuerpo durante el tratamiento. Para prevenir lesión e infección en el punto de acceso:

- Conserva limpia el área.
- No uses el brazo con el punto de acceso para tomar la tensión arterial o para obtener sangre para muestras que no tengan relación con el tratamiento de diálisis.
- No levantes objetos pesados o presiones el brazo con el punto de acceso.
- No cubras el punto de acceso con ropa ajustada o joyería.
- Revisa el pulso en el punto de acceso todos los días.
- No duermas con el brazo de acceso bajo tu cabeza o tu cuerpo.

Trasplante renal

Un trasplante exitoso no curará la enfermedad renal que es consecuencia de la diabetes, pero puede recuperar suficiente función renal y ayudarte a sentir mejor para que puedas tener mejor calidad de vida. También te libera de la diálisis.

Tipos de trasplantes renales

Hay dos tipos de trasplantes renales. Puedes tener un trasplante de donador muerto o un trasplante de donador vivo.

Debido a que pocas personas se ofrecen para ser donadores vivos, es más común obtener un riñón de un donador muerto. El sistema para saber si son compatibles donador y receptor considera el tipo de sangre, el tipo de tejido y una prueba de anticuerpos (compatibilidad cruzada) que determina si el receptor tiene anticuerpos contra el donador potencial.

Un trasplante de donador vivo tiene algunas ventajas:

• Si el donador es familiar consanguíneo, tienes mejor oportunidad de una buena compatibilidad.
• Es más fácil evaluar la salud del donador y del órgano donado.
• No tienes que poner tu nombre en la lista nacional de espera.
• La cirugía puede ser agendada de manera anticipada en el momento óptimo para donador y receptor, más que ser programada, sin aviso previo, al producirse la muerte del donador.

Cirugía y seguimiento

Lo más probable es que el riñón dañado no será retirado, y el cirujano colocará el nuevo riñón en la parte baja de tu abdomen. Los vasos sanguíneos del nuevo riñón serán ligados a vasos sanguíneos de la parta baja de tu abdomen, justo arriba de una de tus piernas. El nuevo uréter del riñón, el tubo que une el riñón con la vejiga, será conectado a tu vejiga.

Aun con la mejor compatibilidad posible entre tú y el donador, tu sistema inmunológico tratará de rechazar el nuevo riñón. Tu esquema de medicamentos incluirá inmunosupresores —medicamentos que suprimen la actividad de tu sistema inmunológico—. Es probable que tomes estos medicamentos por el resto de tu vida.

Los medicamentos pueden producir efectos colaterales, como cara redonda y llena, ganancia de peso, acné, vello facial y problemas estomacales. Estos efectos pueden disminuir con el tiempo. Algunos medicamentos inmunosupresores pueden elevar el riesgo de desarrollar o empeorar condiciones como tensión arterial alta, colesterol alto y cáncer.

Debido a que los medicamentos inmunosupresores hacen a tu cuerpo más vulnerable a la infección, tú médico puede también prescribir medicamentos antibacterianos, antivirales y antimicóticos. El tratamiento se convierte en un acto de equilibrio entre prevenir el rechazo y manejar los efectos colaterales.

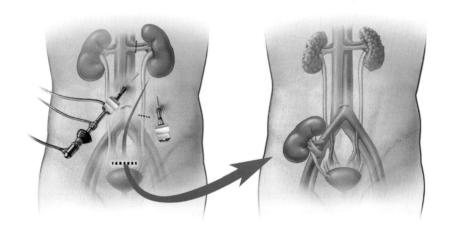

Donador　　　　　　　　**Receptor**

En un trasplante renal mínimamente invasivo de donador vivo, los cirujanos utilizan una incisión pequeña para retirar el riñón de su donador e insertarlo en el receptor.

Procedimientos experimentales

Los investigadores esperan encontrar un día un tratamiento para prevenir o sanar la diabetes. Todavía están lejos de una cura.

Dos tipos de cirugía, sin embargo, pueden ayudar a algunos individuos a eliminar la necesidad de aplicarse inyecciones de insulina diarias.

Trasplante de páncreas

Un trasplante de páncreas es una opción de tratamiento si tienes diabetes e insuficiencia renal (se requiere también trasplante renal) o no respondes bien a tratamientos estándar con insulina.

Un trasplante de páncreas exitoso significa que la insulina ya no es necesaria para controlar la glucosa en sangre, pero está lejos de ser una cura. Hay riesgos que amenazan la vida, en especial si tienes enfermedades del corazón y vasos sanguíneos.

Un centro de trasplante te evaluará para ver si cubres los requerimientos de elegibilidad, incluyendo factores médicos y emocionales, similares a los criterios para un trasplante renal.

Varios y diferentes tipos de trasplantes involucran al páncreas. El tipo de sangre, el tipo de tejido y una prueba de anticuerpos son factores clave para el éxito de todos los tipos de trasplantes de páncreas. La mayoría de los trasplantes de páncreas involucra trasplantar un páncreas entero de un donador muerto. El procedimiento para un trasplante de donador vivo, en el que una porción de páncreas es donado, todavía está en estudio.

Trasplantes de riñón-páncreas

Más de la mitad de todos los trasplantes de páncreas se realiza al mismo tiempo que un trasplante renal. La estrategia es darte un riñón y un páncreas sanos para reducir el potencial daño renal en el futuro, relacionado con la diabetes. En la mayoría de los casos, los órganos provienen del mismo donador muerto. Este trasplante doble parece contribuir a mejorar la supervivencia para ambos órganos.

Trasplantes de páncreas después del de riñón

Puedes recibir un trasplante de páncreas después de haber tenido un trasplante de riñón exitoso. La meta de tratamiento es similar al trasplante de riñón y páncreas. La función normal de la insulina de tu nuevo páncreas debe disminuir el potencial del daño renal relacionado con diabetes.

Trasplantes sólo de páncreas

Los trasplantes sólo de páncreas (también llamados trasplantes solitarios de páncreas) se efectúan cuando hay función renal normal o cercana a lo normal. Tu médico puede recomendar esta opción si tienes reacciones frecuentes a la insulina o control deficiente de glucosa en sangre, a pesar de los mejores esfuerzos para controlar la enfermedad.

Si tu tratamiento con insulina y otras estrategias para controlar la enfermedad están funcionando, un trasplante sólo de páncreas probablemente no es la mejor opción. Un estudio reportó en 2003 que las personas con riñones funcionales que recibieron un trasplante sólo de páncreas tuvieron índices de sobrevivencia significativamente más bajos que quienes que usaron insulina y otros tratamientos convencionales.

Un páncreas que es trasplantado junto con un riñón es menos probable que falle que un trasplante sólo de páncreas.

Trasplantes de células de islotes de páncreas

Un procedimiento experimental, llamado trasplante de células de islotes de páncreas, puede proporcionar nuevas células productoras de insulina de un páncreas donado, más que trasplantar un órgano completo. Mientras este procedimiento es mejorado, podría convertirse en una opción viable para personas con diabetes tipo 1 (véase página siguiente).

Operación y seguimiento

Durante la operación, lo más probable es que tu propio páncreas no sea retirado. El cirujano trasplantará el nuevo páncreas a tu cavidad abdominal inferior con una pequeña porción del intestino delgado del donador todavía ligada. Tu nuevo páncreas debe empezar a trabajar de inmediato, y tu antiguo páncreas continuará realizando sus otras funciones.

El tratamiento postrasplante es un acto de equilibrio entre la prevención del rechazo y la vigilancia de efectos colaterales. Los resultados de los trasplantes de páncreas varían de acuerdo con la pericia y experiencia del centro de trasplante, así como de factores como la edad y salud del candidato y la condición del órgano donado.

Trasplante de células de islotes

Un procedimiento experimental llamado trasplante de células de los islotes del páncreas muestra ser muy prometedor como opción de tratamiento para algunas personas con diabetes tipo 1. En este procedimiento de trasplante, sólo las células productoras de insulina de un páncreas donador, más que el órgano entero, son trasplantadas en tu cuerpo.

Por todo el páncreas hay racimos de células especializadas, llamadas islotes de Langerhans, que producen insulina. En la diabetes tipo 1, el sistema inmunológico del cuerpo, que normalmente protege al cuerpo de virus y bacterias, ataca y mata a las células de los islotes.

Un trasplante de células de los islotes tiene algunos de los mismos beneficios del trasplante de páncreas, pero con una operación menos invasiva. Sin embargo, todavía hay riesgos afines con este procedimiento experimental. Al participar más personas en ensayos clínicos de este tipo de trasplante, emergerá una visión más clara de su seguridad, efectos a largo plazo y potencial como opción de tratamiento.

¿Cómo funciona?

El procedimiento para un trasplante de células de islotes continúa en evolución, pero la mayoría de los trasplantes sigue el protocolo Edmonton, un método desarrollado por varios centros de trasplante y mejorado por la Universidad de Alberta en Edmonton, Canadá.

Después de que un órgano donado ha sido transferido a un centro de trasplante, los técnicos de laboratorio extraen sólo las células de los islotes

y las purifican. Después, un especialista llamado radiólogo intervencionista realiza el trasplante de las células de los islotes.

Por medio de un método guiado por imagen, el radiólogo dirige un tubo a través de una abertura en tu abdomen hacia la vena porta, un vaso sanguíneo que llega al interior de tu hígado. Las células de los islotes son trasplantadas a través de este tubo en tu hígado. Las células se diseminan a través de este, pegándose a pequeños vasos sanguíneos. El hígado es un buen sitio para el trasplante debido a que es más fácil de alcanzar que tu páncreas, y las células de los islotes parecen funcionar bien en esa localización.

Alrededor de un millón de islotes son necesarios para que un trasplante sea efectivo en una persona de tamaño promedio. Por lo regular son necesarios dos o más donadores de órganos para obtener suficientes islotes para un trasplante. A medida que se dispone de más órganos donados se realizan más infusiones de células hasta que se alcanza la producción deseada de insulina.

Tu cuerpo percibirá a las nuevas células como si fueran un nuevo órgano. Por lo que un trasplante exitoso depende del esquema de tratamiento, que incluye medicamentos inmunosupresores. Además, la disponibilidad de células de los islotes está muy limitada debido a la escasez de donadores de órganos.

¿Qué tan efectivo es?

En 2001, el Instituto Nacional de Diabetes y Enfermedades Digestivas y Renales estableció el Registro Colaborativo de Trasplante de Islotes (RCTI) para reunir y analizar información sobre trasplantes de células de islotes realizados en centros de Estados Unidos y Canadá.

El reporte anual 2007 del RCTI presentó información de 356 individuos. Cuatro meses después de sus infusiones finales, alrededor de 60% no necesitó más recibir insulina. Sin embargo, a tres años, el porcentaje de participantes que permaneció independiente de la insulina disminuyó aproximadamente a 24%.

Capítulo 7

Mantente saludable

Revisiones anuales 144

Pruebas importantes que debes tener 145

El cuidado de tus ojos 150

El cuidado de tus pies 151

El cuidado de tus dientes 154

El manejo del estrés 155

Steven Smith, M.D.
Endocrinología

Permanecer sano y reducir tus riesgos de enfermedad crónica es como andar en bicicleta. Incluye implementar conductas efectivas de automanejo para prevenir o hacer más lento el progreso de complicaciones. La rueda de vigilancia para diabetes incluye nutrición, ejercicio, medicamentos, autovigilancia, solución de problemas, reducción de riesgos y ajuste psicosocial.

Puede parecer en ocasiones que estás manejando un monociclo, pero de hecho es una bicicleta. Tú eres quien provee la energía para mejorar la salud al pedalear la rueda del automanejo. La estructura de la bicicleta es importante en el apoyo de tus esfuerzos de automanejo. Ella incluye familia, amigos, trabajo y el sistema de atención a la salud que influyen en tus decisiones diarias. Tu proveedor de cuidados de salud y el equipo son la llanta delantera. Te aportan guía y dirección, pero no aportan la energía. Te toca a ti pedalear la bicicleta.

Rueda del automanejo

> *Permanecer sano y reducir tus riesgos de enfermedad crónica es como andar en bicicleta… Tú eres quien provee la energía para mejorar la salud al pedalear la rueda del automanejo.*

Los miembros de tu equipo de salud son expertos para ayudarte a establecer metas realistas y actuar como la llanta delantera que guía. La estructura de la bicicleta que te conecta con tu equipo de salud a menudo lleva a colaboración e interacciones productivas.

En este capítulo enfatizamos la importancia de las revisiones regulares y los cuidados preventivos. Crear un plan de acción es una buena manera de empezar. Asegúrate de que el plan sea realista y pueda ser parte de tu vida. Periódicamente, reevalúa ese plan de acción y pregúntate, "¿estoy cumpliendo las metas que establecí?". De no ser así, resuelve problemas con la familia, amigos o tu equipo de salud para redireccionar tus esfuerzos al pedalear.

"La vida es como andar en bicicleta: no te caes a menos que dejes de pedalear."
Claude Pepper

Revisiones anuales

Aun si tu diabetes está bajo control, es importante que veas a tu médico por lo menos una vez al año. Durante una revisión anual, tu médico puede revisar complicaciones potenciales y ambos pueden discutir cómo está funcionando tu plan de tratamiento.

Qué esperar

Quizás tú médico iniciará tu examen haciéndote preguntas respecto a tus cifras de glucosa en sangre y salud en general:

- ¿Cómo te has sentido?
- ¿Has experimentado algún nuevo síntoma o problema?
- ¿Has sido capaz de mantener tu glucosa en sangre dentro del límite objetivo?

Es importante llevar a tus citas tu diario de cifras de glucosa en sangre para que tu médico pueda revisarlo. Cualquier episodio de glucosa en sangre alta o baja debe ser discutido para tratar de determinar qué pudo haberlo causado.

Otros puntos que puedes querer tratar con tu médico o educador en diabetes incluyen:

- Ajustes temporales que hiciste a tu programa de tratamiento, incluyendo cambios en los medicamentos, para acomodarlos a las cifras altas o bajas de glucosa en sangre
- Problemas que pudiste haber tenido en el seguimiento de tu programa de tratamiento
- Problemas emocionales y sociales que puedes estar experimentando
- Cambios en el consumo de tabaco o alcohol

También durante tu revisión, un miembro de tu equipo de salud puede hacer lo siguiente:

Revisar tu tensión arterial

La tensión arterial alta (hipertensión) puede dañar tus vasos sanguíneos, y ya estás con riesgo elevado de enfermedad de los vasos sanguíneos si tienes diabetes. Diabetes e hipertensión a menudo están asociadas, y cuando están juntas incrementan de manera significativa tu riesgo de complicaciones. Controlar la tensión arterial puede ayudar a prevenir complicaciones.

Revisar tu peso

Si tienes diabetes y tienes sobrepeso u obesidad, perder peso puede ayudarte a controlar tu glucosa en sangre –ganar más peso hará más difícil controlar tu glucosa–. Si tomas medicamentos para diabetes, perder peso puede reducir tu necesidad de medicamentos.

Revisar tus pies

En cada visita debes tener un breve examen de tus pies. Por lo menos una vez al año debes tener un examen exhaustivo de ellos. Durante el examen exhaustivo, he aquí lo que tu médico está buscando:

- Heridas en la piel, que pueden derivar en infección
- Pulsos del pie, que indican si tienes buena circulación de la sangre en el pie, y sensibilidad al tacto, que indica si los nervios sensitivos del pie están trabajando apropiadamente
- Arcos de movimiento normales, para asegurar que no hay daño en músculo o hueso
- Deformaciones del hueso o evidencias de presión aumentada, como callos, que pueden indicar que necesitas zapatos diferentes

Si se identifica un problema, examina tus pies regularmente para que estés seguro de que esa condición no empeorará. Si no eres capaz de examinar tus pies por ti mismo, busca la ayuda de un miembro de la familia o un amigo cercano.

Solicitud de exámenes de sangre y orina

Los exámenes sencillos de sangre y orina pueden detectar signos tempranos de complicaciones de diabetes, como enfermedad renal. Mientras más temprano descubras y trates problemas emergentes, mejores serán tus oportunidades para detenerlos, o por lo menos hacer más lento el daño.

Pruebas importantes que debes tener

Los siguientes cuatro exámenes son especialmente importantes para personas con diabetes. Tres de ellos examinan tu sangre y uno tu orina.

Examen A1C

Un examen A1C, también conocido como examen de la hemoglobina glucosilada, es una herramienta efectiva para determinar qué tan bien estás controlando tu azúcar (glucosa) en sangre.

Esta prueba de sangre es diferente al examen de glucosa en sangre en ayuno o al piquete diario en el dedo, ya que ambos sólo miden tu glucosa en sangre en cierto momento dado. Un examen A1C indica tu nivel promedio de glucosa en sangre en los últimos dos o tres meses.

¿Cómo funciona?

Algo de glucosa en tu torrente sanguíneo se une a la hemoglobina, una proteína que se encuentra en los glóbulos rojos. Esto es conocido como hemoglobina glucosilada, o A1C.

Para revisar tu nivel de A1C, habitualmente se extrae sangre de una vena de tu brazo, y la muestra es enviada al laboratorio para analizar. Aunque algunos equipos caseros están disponibles, es importante que este examen sea hecho de manera correcta. Los resultados del examen indican qué porcentaje de tu hemoglobina está cubierta de azúcar (glucosilada).

Los límites normales pueden variar entre laboratorios —se esperan cambios en el futuro— pero los más comunes son:

- 4 a 6% es normal en personas sin diabetes.
- Menos de 7% es la meta típica para la mayoría de las personas con diabetes.
- Más de 7% es preocupante y puede indicar la necesidad de cambio en tu plan de tratamiento.

Platica con tu médico para encontrar tu meta específica. Aunque un nivel de A1C debajo de 7% es un objetivo común, tu médico puede recomendar un nivel debajo de 6% si estás embarazada o si necesitas metas más estrictas por otras razones.

Si te haz hecho el examen en alguna otra parte y estás viendo a un nuevo médico, es importante que tu médico tome en cuenta esta posible variación cuando interprete los resultados de tu examen.

¿Qué tan a menudo debes realizarlo?

Si recientemente ha cambiado tu terapia o no estás alcanzando tus metas de glucosa en sangre, es probable que tu médico recomiende un examen A1C cada tres meses. Si eres capaz de controlar tus niveles de glucosa en sangre y lograr tus metas de tratamiento, un examen A1C se recomienda por lo menos dos veces al año.

¿Cómo ayuda?

Un examen A1C puede ayudar de muchas maneras. Por ejemplo, cuando tienes problemas para mantener un nivel de glucosa en sangre y tu médico está decidiendo si prescribe medicamento o te permite más tiempo para mejorar tu plan de dieta y ejercicio. Tu médico te puede indicar aumentar la cantidad de tiempo que te ejercites durante dos o tres meses y después hacer otro examen A1C. Si el examen muestra mejoría en la cifra, entonces el incremento de ejercicio puede ser todo lo que necesites para controlar tu glucosa en sangre, y tu médico puede no prescribir medicamento.

Además, el examen es una forma de alertarte a ti y a tu médico sobre problemas potenciales. Si has tenido cifras normales de A1C durante varios meses o años y de repente tienes cifras anormales, puede ser un signo de que tu plan de tratamiento necesita un cambio, incluyendo exámenes de glucosa en sangre más frecuentes. También los resultados del examen A1C indican tu riesgo de complicaciones de diabetes –mientras más alto es el resultado de tu examen, más grande es tu riesgo–.

Panel de lípidos

Un panel de lípidos mide las grasas (lípidos) en tu sangre, incluyendo colesterol y triglicéridos.Se toma sangre de una vena de tu brazo y se envía al laboratorio. Para obtener una cifra precisa, se requiere de ayuno entre nueve y 12 horas antes de que la sangre sea extraída.

Las cifras pueden indicar tu riesgo de tener infarto del miocardio u otra enfermedad cardiaca. Por lo regular el panel incluye:

Colesterol de lipoproteína de baja densidad (LDL)

Este colesterol "malo" promueve el acúmulo de depósitos (placas) de grasa en tus arterias. Estas placas disminuyen el aporte de sangre a tu corazón y otros órganos vitales.

Colesterol de lipoproteína de alta densidad (HDL)

Este colesterol "bueno" ayuda a proteger contra enfermedades del corazón al ayudar a depurar el exceso de colesterol de tu cuerpo. Esto mantiene tus arterias abiertas y más libre la circulación de tu sangre.

Triglicéridos

Una cantidad normal de estas grasas en sangre es necesaria para la buena salud y ayudar a tu cuerpo a almacenar grasa que más tarde será usada como energía. Pero los niveles altos de triglicéridos incrementan tu riesgo de enfermedad del corazón y de los vasos sanguíneos.

Colesterol total

Este es la suma de tu colesterol LDL, colesterol HDL y una parte de triglicéridos de tu sangre. Los niveles más altos pueden colocarte en mayor riesgo de enfermedad del corazón y de los vasos sanguíneos.

¿Qué tan a menudo debes realizarlo?

Las personas que no tienen diabetes necesitan un panel de lípidos por lo menos cada cinco años —más a menudo si sus niveles de grasa en sangre están por arriba de lo normal o tienen historia familiar de grasas elevadas en sangre—.

Si tienes diabetes, debes realizarte un panel de lípidos por lo menos una vez al año, pero más a menudo si no estás alcanzando tus metas de lípidos. Si tus valores de lípidos están en niveles de bajo riesgo (LDL menos de 100 miligramos por decilitro, HDL más de 50 mg/dL, triglicéridos debajo de 150 mg/dL), un panel de lípidos cada dos años parece suficiente.

Sin embargo, si tienes enfermedad cardiovascular, tu médico puede recomendar una meta de menos de 70 mg/dL de colesterol LDL con el uso de un medicamento que disminuye el colesterol llamado estatina. Platica con tu médico acerca de tus objetivos y metas de lípidos.

¿Cómo ayuda?

Un nivel ascendente de grasas en sangre puede alertar a tu médico sobre riesgo elevado de daño a los vasos sanguíneos. Esto es porque la diabetes puede acelerar el desarrollo de arterias bloqueadas y endurecidas (ateroesclerosis) lo que incrementa tu riesgo de infarto al miocardio, evento vascular cerebral y circulación deficiente en tus pies y piernas.

Conocer tus niveles de grasa en sangre también ayuda a tu médico a determinar si puedes beneficiarte con medicamentos que ayudan a disminuir tus niveles de colesterol y triglicéridos.

La dieta y el ejercicio son las primeras defensas en contra de niveles no saludables de grasa en sangre, tanto como lo son en el manejo de la diabetes. Tu médico puede prescribir medicamentos que reducen los lípidos si estos pasos no son efectivos o si tus niveles de LDL o triglicéridos están por arriba de tus metas objetivo.

Examen de creatinina en suero

Un examen de creatinina en suero mide la cantidad de creatinina en tu sangre y puede alertarte a ti y a tus médicos sobre problemas renales.

La creatinina es un producto de desecho de la creatina, una proteína que aporta energía para la contracción muscular. Tu sangre en estado normal produce una pequeña pero relativamente constante cantidad de creatinina. Si el nivel de creatinina en tu sangre se eleva por arriba de lo normal, es un signo de que tus riñones se han dañado y no son capaces de funcionar de manera normal (insuficiencia renal). Mientras más alto es el nivel de creatinina, más avanzada está la enfermedad renal.

Los valores normales de creatinina en suero varían, dependiendo de tu sexo, masa muscular y otros factores, por lo que pregunta a tu médico cuál es el normal para ti. Diferentes laboratorios pueden tener límites normales ligeramente diferentes.

En la Clínica Mayo, los límites normales son:
- 0.9 a 1.4 mg/dL para hombres
- 0.7 a 1.2 mg/dL para mujeres

¿Qué tan a menudo debes realizarlo?

Debes hacer una prueba de creatinina en suero una vez al año. Si has sufrido daño renal, o estás tomando medicamentos que pudieron haber tenido efecto dañino en tus riñones, tu médico puede recomendar que te hagas este examen más a menudo.

¿Cómo ayuda?

Conocer la salud de tus riñones es importante debido a que la función renal influye en muchas decisiones respecto a tu cuidado médico, incluyendo qué medicamentos son seguros para ti y qué tan agresivo debe ser el control de tu tensión arterial.

Examen de proteínas en orina

Un examen de orina que detecta pequeñas cantidades de proteína (albúmina) llamado examen de microalbúmina, también es utilizado para evaluar la salud del riñón.

Cuando tus riñones están funcionando con normalidad, filtran los desechos de tu sangre. Estos desechos son eliminados a través de la orina. Las proteínas y otras sustancias útiles permanecen en tu sangre. Cuando el riñón se daña, sucede lo contrario: los productos de desecho permanecen en tu sangre y las proteínas escapan en tu orina.

El método preferido para investigar el escape de proteínas es realizando en el consultorio, utilizando aproximadamente la misma cantidad de orina que se obtiene para una prueba de orina rutinaria (uroanálisis). Esta colección fácil, hecha en la visita médica, por lo general provee información precisa.

Un método alterno es guardar toda tu orina de un periodo de 24 horas en un recipiente que tu médico provee. Después regresas este recipiente de orina al consultorio de tu médico, de donde es enviado a un laboratorio y analizado.

Cuando tus riñones empiezan a tener pérdidas, casi siempre sólo pequeñas cantidades de proteínas escapan. Pueden presentarse etapas más avanzadas después de que has tenido diabetes por muchos años.

He aquí lo que los resultados de tu examen de orina significan por lo regular, medidos como miligramos (mg) de proteínas perdidas:

- Menos de 30 mg es normal
- 30 a 299 mg indican enfermedad renal inicial (microalbuminuria)
- 300 mg o más indican enfermedad renal avanzada (macroalbuminuria)

Las proteínas en orina pueden presentarse por otras razones aparte de diabetes, por lo que, si los resultados de tus exámenes están más altos de lo normal, tu orina debe ser examinada otra vez para confirmar que tengas enfermedad renal.

¿Qué tan a menudo debe realizarse?

Debes realizarte un examen de proteínas en orina una vez al año, empezando cinco años después del diagnóstico de diabetes tipo 1 o cuando la diabetes tipo 2 es diagnosticada. El examen también se recomienda durante el embarazo de mujeres con diabetes.

¿Cómo ayuda?

Un examen de proteínas en orina puede alertarte a ti y a tu médico sobre daño renal. Al mantener tu nivel de glucosa en sangre dentro de límites normales o cerca de lo normal, puedes ayudar a prevenir el progreso de la enfermedad renal.

También es importante controlar la hipertensión arterial para prevenir daño renal ulterior. Los medicamentos para la tensión arterial llamados inhibidores de la enzima convertidora de angiotensina (ECA) a menudo son prescritos a personas con daño renal porque ayudan a proteger la función del riñón.

Otros tipos de medicamentos para la tensión arterial también pueden ser benéficos, y podrías necesitar más de un tipo.

Comer una dieta baja en proteínas puede mejorar la pérdida de proteínas al disminuir la carga de trabajo de tus riñones. Tu educador en diabetes puede aconsejarte sobre la dieta baja en proteínas, si la necesitas.

Pruebas de orina en casa

Se encuentran disponibles diferentes tipos de equipos para pruebas de orina en casa, pero varían en calidad —y algunos tipos no son confiables—. Según tu equipo, puedes examinar:

- Glucosa
- Glucosa y cetonas
- Cetonas
- Cantidades microscópicas de proteína (microalbuminuria)

Los equipos para glucosa, disponibles en forma de tiras, no son recomendables debido a que son mucho menos confiables que los resultados obtenidos del glucómetro. Los equipos para cetonas, también disponibles en forma de tiras, detectan algunas cetonas, pero no todas. Por lo que estos equipos son menos confiables que las pruebas para medir cetonas en sangre, pero aun así son útiles y a menudo recomendados. Las tiras para examinar cetonas revelan sus resultados a través de cambios de color.

Algunos médicos recomiendan tanto las pruebas para medir cetonas como los equipos para medir cetonas en casa. Con un equipo que investiga microalbuminuria, envías una muestra de orina al laboratorio. Un médico debe interpretar los resultados. Pregunta a tu médico para más información.

Exámenes, pruebas y controles rápidos

Si tienes diabetes, necesitarás exámenes regulares y pruebas para vigilar tus problemas de salud actuales o potenciales. Los resultados de las pruebas pueden indicar la necesidad de cambiar tu plan de tratamiento.

Cuáles	Qué tan a menudo
Revisión de tu tensión arterial	En cada visita a tu médico
Revisión de peso	En cada visita a tu médico
Examen del pie	Revisión breve en cada visita a tu médico; examen exhaustivo por lo menos una vez al año
Examen ocular	Por lo menos una vez al año, pero más a menudo si tienes problemas oculares, deficiente control de la diabetes, tensión arterial alta, enfermedad del riñón o estás embarazada
Prueba A1C (prueba de hemoglobina glucosilada)	Por lo menos dos veces al año si estás logrando tus metas de tratamiento y la glucosa en sangre está estable; aproximadamente cada tres meses si no estás logrando tus metas de glucosa o cambió tu tratamiento
Panel de lípidos (niveles de colesterol y triglicéridos)	Por lo menos una vez al año, pero más a menudo si necesitas alcanzar tus metas; cada dos años si los valores de lípidos están en niveles de bajo riesgo (LDL menos de 100 mg/dL, HDL arriba de 50 mg/dL, triglicéridos debajo de 150 mg/dL)
Prueba de creatinina en suero	Una vez al año, pero más a menudo si tienes enfermedad renal o estás tomando medicamentos que podrían tener efecto dañino en tus riñones
Prueba de proteínas en orina (prueba de microalbuminuria)	Una vez al año; empezando cinco años después del diagnóstico de diabetes tipo 1, o empezando cuando la diabetes tipo 2 es diagnosticada (también recomendada durante el embarazo en mujeres con diabetes)

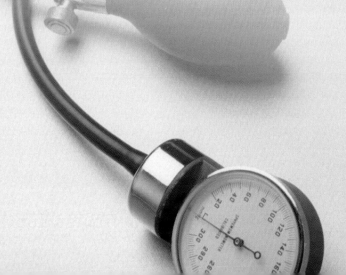

Relativo a la sangre:

Pon atención a tu tensión arterial y también al colesterol en sangre

Es esencial que manejes de manera proactiva a la diabetes en vez de reactivamente. Además de controlar tu glucosa en sangre, también necesitas poner atención a tu tensión arterial y al colesterol en sangre.

Revisa tu tensión arterial

Las personas con diabetes tienen aproximadamente el doble de probabilidad de desarrollar hipertensión arterial que quienes no tienen diabetes. Tener ambas, diabetes e hipertensión arterial, es serio. Similar a la diabetes, la hipertensión arterial puede dañar tus vasos sanguíneos. Cuando tienes ambas condiciones y no están bajo control, incrementas tu riesgo de infarto al miocardio, evento vascular cerebral u otras complicaciones que amenazan la vida.

La tensión arterial es la medida de la fuerza de la sangre circulante contra las paredes de tus arterias. Mientras más alta sea tu tensión arterial, más fuerte debe trabajar tu corazón para bombear sangre a todas las partes de tu cuerpo. La tensión arterial es medida como dos cifras, por ejemplo, 120/70 milímetros de mercurio (mm Hg). La primera cifra (cifra alta) es la tensión sistólica, tu tensión pico al momento en que tu corazón se contrae y bombea sangre. La segunda cifra (cifra baja) es la tensión diastólica, el nivel de tensión cuando tu corazón se relaja para permitir el flujo de sangre al interior de tu corazón.

Metas y tratamiento de la tensión arterial

Los adultos con diabetes deben mantener su tensión arterial debajo de 130/80 mm Hg. Si tienes enfermedad renal, tu médico puede recomendar una tensión arterial más baja. Los mismos hábitos saludables que pueden mejorar tu glucosa en sangre –una dieta equilibrada y ejercicio regular– pueden ayudar a reducir tu tensión arterial. Si no puedes controlar tu tensión arterial sólo con dieta y ejercicio, tu médico puede prescribir medicamentos para bajar la tensión arterial. La Asociación Americana de Diabetes (ADA, por sus siglas en inglés) recomienda terapia con medicamentos si tu tensión sistólica está por arriba de 140 mm Hg o tu tensión diastólica está por arriba de 90 mm Hg. Si tu tensión arterial sistólica es de 130 a 139 mm Hg o tu tensión arterial diastólica es de 80 a 89 mm Hg, tu médico puede enfatizar que intentes cambios en tu estilo de vida durante tres meses antes de prescribir medicamentos. Los medicamentos prescritos más a menudo para personas con diabetes incluyen inhibidores de la enzima convertidora de angiotensina (ECA), bloqueadores de los receptores de angiotensina II y diuréticos tiacídicos. Estos medicamentos tienen una tasa baja de efectos colaterales y ayudan a proteger tus riñones y corazón, que están en riesgo alto de daño por ambas enfermedades.

Vigila tu colesterol

Los niveles altos de colesterol y triglicéridos incrementan tu riesgo de infarto de miocardio y evento vascular cerebral. Un estilo de vida sano es muy importante. Concéntrate en reducir tu ingesta de grasas saturadas, grasas trans y colesterol, y realiza ejercicio y actividad física de manera regular. Las recomendaciones de colesterol para personas con diabetes por lo general son las siguientes:

- Colesterol de lipoproteína de baja densidad (LDL o "malo") menos de 100 miligramos por decilitro (mg/dL) de sangre
- Colesterol de lipoproteína de alta densidad (HDL o "bueno") arriba de 40 mg/dL para hombres y 50 mg/dL para mujeres
- Triglicéridos debajo de 150 mg/dL

Si no consigues tus metas, tu médico puede prescribir un medicamento que disminuye el colesterol llamado estatina, en especial si:

- Tienes más de 40 años de edad
- Tienes menos de 40 años y tienes otro factor de riesgo para enfermedad cardiovascular
- Tienes enfermedad cardiovascular

Estudios, incluido el Estudio de Protección del Corazón, sugieren que tomar estatinas puede disminuir el riesgo de infarto del miocardio o evento vascular cerebral en personas con diabetes, aun si tienen niveles de colesterol normales. La terapia con estatinas no se recomienda para mujeres que están embarazadas.

La investigación también sugiere que tomar una aspirina a diario puede reducir poco a poco el riesgo de infarto al miocardio y otras complicaciones cardiovasculares en personas de más de 40 años con diabetes tipo 1 o tipo 2. Pregunta a tu médico si la terapia con aspirina sería benéfica para ti. Una aspirina diaria no se recomienda si tienes enfermedad del hígado.

El cuidado de tus ojos

La diabetes es la causa principal de casos nuevos de ceguera en personas entre 20 y 74 años de edad. La Asociación Americana de Diabetes (ADA) recomienda un examen ocular inicial exhaustivo por un especialista en ojos (oftalmólogo u optometrista) poco después del diagnóstico si tienes diabetes tipo 2 y dentro de los cinco años posteriores al inicio si tienes diabetes tipo 1. Después de eso realiza un examen ocular con un especialista cada año –o más a menudo si tienes daño ocular (retinopatía) que esté empeorando–.

Si tu diabetes tiene deficiente control, tienes hipertensión arterial o enfermedad renal, o estás embarazada, puedes necesitar consultar a un especialista ocular más de una vez al año. Si tus ojos están normales después de un examen y tu azúcar (glucosa en sangre) está bajo control, tu especialista en ojos puede recomendarte un examen ocular cada dos o tres años.

No esperes a que se desarrollen problemas en la visión antes de acudir a un especialista en ojos. Por lo regular, en el momento en que los síntomas aparecen, algún daño permanente ya ha ocurrido.

Elige un especialista en ojos con pericia y experiencia en retinopatía diabética. Asegúrate de que esta persona sepa que tienes diabetes y realice un examen exhaustivo, incluyendo dilatación de tus pupilas. Tu examen ocular puede incluir lo siguiente:

Prueba de agudeza visual

Esta prueba determina tu nivel de visión y la necesidad de lentes correctivo y establece la medida inicial para tus futuros exámenes.

Examen externo del ojo

Un examen externo del ojo mide los movimientos de tus ojos, junto con el tamaño de tus pupilas y su capacidad para responder a la luz.

Examen de retina

Cuando se hace un examen de retina, tu especialista en ojos aplica gotas oftálmicas en tus ojos para dilatar tus pupilas y buscar daño en tus retinas y en los delgados vasos sanguíneos que las nutren. Este es un examen muy importante debido a que el daño en la retina es la complicación ocular más común de la diabetes.

Prueba de glaucoma

Una prueba de glaucoma (tonometría) mide la presión de tus ojos, lo que ayuda a detectar glaucoma. El glaucoma es una enfermedad que puede disminuir poco a poco tu campo visual y producir visión en túnel y ceguera. La diabetes incrementa tu riesgo de desarrollar glaucoma.

Examen con lámpara hendida

Durante el examen con lámpara hendida, tu especialista en ojos evalúa la estructura de tus ojos, como la córnea y el iris. También busca cataratas, que opacan tus cristalinos y pueden hacerte sentir como si estuvieras viendo a través de un papel con cera o una ventana sucia. La diabetes puede provocar el desarrollo de cataratas más rápido que lo que lo haría otra causa.

Fotografía del ojo

Si tienes daño ocular o se sospecha daño, se pueden tomar fotografías con cámaras diseñadas especialmente para documentar el estado de tu visión y establecer una prueba inicial para futuros exámenes.

De esta forma se realiza el examen de retina, tú estás acostado de espaldas mientras el médico sostiene tu ojo abierto y lo examina con una luz brillante colocada en su frente.

El cuidado de tus pies

La diabetes puede producir dos amenazas potenciales y peligrosas para tus pies: puede dañar los nervios de tus pies y reducir el flujo sanguíneo hacia ellos.

Cuando la red de nervios de tus pies se daña, se reduce la sensación de dolor en tus pies. Debido a esto, puedes desarrollar una ampolla o cortarte el pie sin que te des cuenta.

La diabetes también puede hacer más angostas tus arterias, reduciendo el flujo de sangre hacia tus pies. Con menos sangre para nutrir los tejidos de tus pies, es más difícil que sanen las heridas. Una herida no advertida o una cortada escondida debajo de tus calcetines y zapatos puede evolucionar de inmediato a un gran problema.

Revisa tus pies todos los días

Utiliza tus ojos y manos para examinar tus pies. Si no puedes ver algunas partes de tus pies, utiliza un espejo o pide a un miembro de tu familia o amigo que examine esos lugares. Busca:

- Ampollas, heridas y magulladuras
- Grietas, descamación y arrugas
- Enrojecimiento, estrías rojas y edema
- Pies que están más rosados, pálidos, oscuros o rojos que lo habitual

Mantén tus pies limpios y secos

Lava tus pies cada día con agua tibia. Para evitar quemar tus pies, prueba la temperatura del agua con un termómetro. No debe estar más caliente de 32°C. O humedece una toalla en el agua y toca una parte sensible de tu cuerpo para que la pruebes, como tu cara, cuello o muñeca.

Lava tus pies con movimientos suaves como de masaje, utilizando una esponja o toalla suave y un jabón ligero. Seca tu piel dando pequeñas palmaditas. No los frotes porque puedes dañar tu piel de manera accidental. Seca cuidadosamente entre tus dedos para ayudar a prevenir infecciones por hongos.

Humecta tu piel

Cuando la diabetes daña tus nervios, puedes sudar menos de lo normal, dejando tu piel seca, en especial en tus pies. La piel seca puede dar comezón y agrietarse, incrementando tu riesgo de infección.

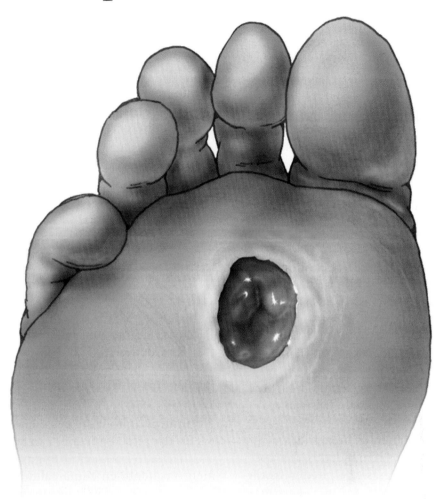

La diabetes puede disminuir el flujo de sangre hacia tus pies y provocar daño en los nervios. Sin la atención y cuidados apropiados, una pequeña lesión puede convertirse en una herida abierta (úlcera) que puede ser difícil de tratar.

Mantén el flujo de sangre

Para ayudarte a mantener el flujo sanguíneo hacia tus pies, colócalos hacia arriba cuando estés sentado, después mueve tus tobillos y dedos con frecuencia. No cruces tus piernas por mucho tiempo. Y no utilices calcetines ajustados.

Utiliza calcetines limpios y secos

Utiliza calcetines hechos de fibras que sacan el sudor de tu piel, como algodón y fibras acrílicas especiales —no nylon—. Evita aquellos con bandas elásticas fuertes que reducen la circulación o que son gruesos o voluminosos. Los calcetines voluminosos a menudo ajustan mal y un mal ajuste puede irritar tu piel.

También es buena idea evitar calcetines remendados con costuras gruesas que pueden frotar e irritar tu piel. En las personas con diabetes esos calcetines pueden producir úlceras por presión.

Corta cuidadosamente tus uñas

Corta tus uñas rectas para que estén paralelas con el final de tus dedos. Lima los extremos irregulares para que no tengas áreas filosas que puedan cortar al dedo vecino. Sé especialmente cuidadoso para no lesionar la piel circundante. Si notas enrojecimiento alrededor de las uñas, repórtalo a tu médico o a tu podólogo.

Utiliza con mucho cuidado productos para los pies

No utilices limas o tijeras en los callos, endurecimientos o juanetes. Puedes lastimar tus pies con ellos. Tampoco pongas químicos sobre tus pies, como quitaverrugas. Ve a tu médico o podólogo para problemas de callos, endurecimientos, juanetes o verrugas.

Utiliza zapatos que protegen a tus pies de lesiones

Para ayudar a prevenir lesiones de tus pies y dedos:

Protégelos contra el calor y el frío
No utilices almohadillas calientes en tus pies. Utiliza el calzado adecuado para evitar el pavimento caliente en clima cálido y para evitar el congelamiento en clima frío.

Siempre utiliza zapatos

Utiliza pantuflas dentro de casa

Acudir al podólogo

Debido a que el cuidado del pie es de especial importancia para personas con diabetes, tu médico de atención primaria o especialista en diabetes te pueden recomendar a un podólogo –un profesional que se especializa en el cuidado del pie–. Un podólogo puede enseñarte cómo cortar tus uñas de manera adecuada. Si tienes problemas de visión o pérdida significativa de sensibilidad en tus pies, puede cortarlas por ti.

Un podólogo también puede enseñarte a comprar zapatos que te ajusten bien y prevenir problemas como endurecimiento y callosidades. Si los problemas ocurren, un podólogo puede ayudar a tratarlos para prevenir el desarrollo de condiciones más serias. Incluso pequeñas heridas sin tratamiento apropiado pueden convertirse rápidamente en problemas serios.

Revisa tus zapatos

Busca en el interior de tus zapatos grietas o bordes duros que puedan lesionar tus pies. Sacude tus zapatos antes de ponértelos para asegurarte de que no haya nada en su interior, como una piedrita.

Selecciona un estilo de zapato cómodo y seguro

Un buen diseño de zapato incluye lo siguiente:

- Parte superior de piel suave. La piel se adapta a la forma de tu pie y permite circular al aire. Una buena circulación del aire reduce el sudor, causa importante de irritación de la piel.
- Diseño con dedos cubiertos. Los zapatos con los dedos cubiertos proveen la mejor protección.
- Zapatos de tacón bajo. Estos zapatos son más seguros, más cómodos y menos dañinos para tus pies.
- Suelas flexibles hechas de caucho o de hule espuma. Estas suelas son las más cómodas para el uso diario. También funcionan como buenos amortiguadores. Las suelas de tus zapatos deben permitir un andarfirme y no ser resbalosas.

Ten por lo menos dos pares de zapatos para que puedas cambiarlos cada día. Esto le da tiempo a tus zapatos de secarse por completo y retomar su forma. No utilices zapatos húmedos porque la humedad puede arrugar el material y hacer que tus zapatos se froten contra tus pies.

¿Ajusta el zapato?

Cuando compres zapatos nuevos:

- Asegúrate de que el extremo de cada zapato se extienda por lo menos tres cuartos de centímetros más allá de tu dedo más largo. También el extremo del zapato debe ser suficientemente ancho y grande para que tus dedos no estén apretados. Camina alrededor de la tienda con ambos zapatos nuevos puestos.
- Si es posible, prueba los zapatos temprano en la tarde. Los pies se inflaman con el transcurso del día. Si compras zapatos en la mañana, los puedes sentir muy apretados más tarde. Si los pruebas al final del día pueden resultarte muy holgados o en la mañana.
- Si un pie es más grande que el otro, compra zapatos que se adapten a tu pie más grande.
- Si tienes sensaciones disminuidas en tus pies, lleva los zapatos a casa y utilízalos durante 30 minutos. Después quítatelos y examina tus pies. Áreas rojas indican presión y ajuste inadecuado. Si ves cualquier área roja, regresa los zapatos. Si no hay problemas, aumenta poco a poco el tiempo que los usas de media a una hora cada día.

El cuidado de tus dientes

El azúcar (glucosa) en sangre elevada puede debilitar a tu sistema inmunológico, haciéndole difícil combatir a las bacterias y virus que producen infección. Un sitio común de infección son tus encías. Eso es porque tu boca alberga muchas bacterias. Si estos gérmenes se establecen en tus encías y causan una infección, puedes terminar con enfermedad periodontal que provoca que tus dientes se aflojen y caigan.

Además, investigación limitada sugiere que las personas con infecciones en las encías pueden estar en riesgo elevado para enfermedad cardiovascular.

Una teoría es que las bacterias de la boca se introducen al torrente sanguíneo y pueden causar inflamación en todo el cuerpo, incluyendo las arterias. Esto puede estar ligado con el desarrollo de placas obstructivas en las arterias, incrementando posiblemente el riesgo de infarto del miocardio o de evento vascular cerebral.

Para ayudar a prevenir daño a tus encías y dientes:

- Ve a tu dentista dos veces al año para limpieza profesional, y asegúrate de que tu dentista sabe que tienes diabetes.
- Cepilla tus dientes dos veces al día, utilizando un cepillo de dientes suave de nylon, y cepilla la cara superior de tu lengua.
- Utiliza hilo dental a diario. Ayuda a eliminar la placa entre tus dientes y debajo de la línea de la encía.
- Busca signos tempranos de la enfermedad periodontal, como sangrado, enrojecimiento e inflamación. Si los encuentras, ve a tu dentista.

No fumes

Las personas con diabetes que fuman tienen por lo menos el doble de probabilidad que los no fumadores con diabetes de morir de enfermedad cardiovascular, como infarto del miocardio o evento vascular cerebral.

Las personas con diabetes que fuman también tienen más probabilidad de desarrollar problemas circulatorios en sus pies.

Considera estos riesgos:

- Fumar incrementa tu riesgo de daño a los nervios y enfermedad renal
- Fumar adelgaza y endurece tus arterias. Esto incrementa tu riesgo de infarto al miocardio y evento vascular cerebral y reduce el flujo de sangre hacia tus piernas, lo que hace más difícil que sanen las heridas.
- Fumar parece debilitar tu sistema inmunológico, lo que produce más resfríos e infecciones respiratorias.

Si estás entre los aproximadamente uno de cada cuatro estadounidenses con diabetes que fuma, platica con tu médico acerca de los métodos para dejar de fumar. Y no te desanimes si tus primeros intentos no son exitosos. Dejar de fumar puede llevar varios intentos, pero es de vital importancia para tu salud.

El manejo del estrés

Cuando estás bajo mucho estrés, se vuelve más difícil tener buen cuidado de ti mismo y de tu diabetes. Puedes no comer bien, no ejercitarte y no tomar tus medicamentos como se han prescrito. El estrés excesivo o prolongado también puede incrementar la producción de hormonas que bloquean el efecto de la insulina, produciendo que tu azúcar (glucosa) en sangre se eleve.

Detente y piensa acerca de lo que está causando tu estrés. Después pregúntate si puedes hacer algo para cambiar la situación. Si un día caótico de correr de un evento a otro te produce estrés, reduce tus compromisos diarios.

Si algunos amigos o miembros de la familia te producen estrés, limita el tiempo que pasas con ellos. Si tu trabajo es muy estresante, busca formas que ayuden a aligerar la carga, como delegar a otros algunas de tus responsabilidades. También solicita consejo a tu equipo de salud.

La respuesta del estrés

El estrés es tu respuesta a un evento —no el evento en sí—. A menudo referida como la reacción de "pelea o huída", la respuesta del estrés se presenta automáticamente cuando te sientes amenazado. La amenaza puede ser cualquier situación que es percibida —incluso de manera falsa— como peligrosa, por lo que tu percepción es un punto clave.

Cuando percibes una amenaza, tu cuerpo responde enviando un flujo de hormonas, que incluye adrenalina y cortisol, hacia tu torrente sanguíneo.

Estas hormonas ayudan a focalizar tu concentración, aumentan tu tiempo de reacción e incrementan tu fuerza y agilidad. Al mismo tiempo, tu frecuencia cardiaca y tensión arterial aumentan ya que mayor cantidad de sangre es bombeada a tu cuerpo, preparándote para hacer lo que se requiera para adaptarte y sobrevivir. A esto se le llama tu respuesta de estrés.

No todo el estrés es malo. El estrés puede ser positivo cuando da como resultado energía dirigida hacia el crecimiento, la acción y el cambio. Este es el tipo de estrés asociado con el bienvenido nacimiento de un niño o una promoción en el trabajo, por ejemplo. Sin embargo, cuando tienes demasiado estrés, dura demasiado o está ligado a experiencias negativas, el estrés puede ser dañino para tu salud.

Reacciones individuales al estrés

Tu reacción a eventos estresantes puede ser diferente a la de alguien más. Algunas personas de manera natural son tranquilas respecto a la mayoría de las cosas, mientras que otras reaccionan muy fuerte ante el menor rastro de estrés. La mayoría de las personas se ubica en algún lugar entre esos extremos.

Las variaciones genéticas pueden explicar parcialmente las diferencias. Los genes que controlan la respuesta al estrés mantienen a la mayoría de las personas en una situación equilibrada, preparando sólo en ocasiones el cuerpo para pelear o huir. Las respuestas al estrés exageradas o disminuidas pueden provenir de pequeñas diferencias en estos genes.

Asimismo las experiencias de la vida pueden incrementar tu sensibilidad al estrés. Las reacciones fuertes al estrés algunas veces provienen de factores ambientales tempranos. Las personas que están expuestas a estrés extremo siendo niños tienden a ser particularmente vulnerables al estrés cuando son adultos.

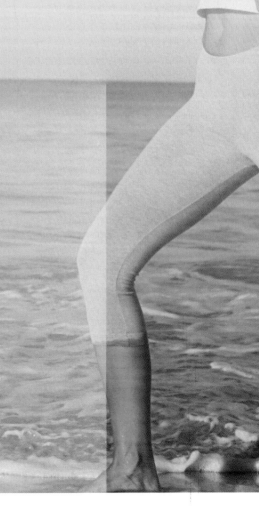

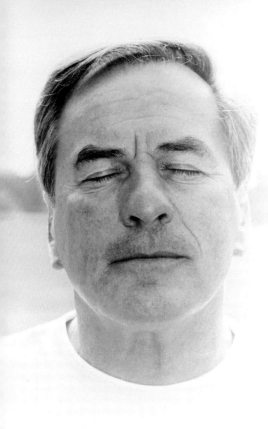

Aprender a relajarse

¿Te es difícil relajarte? ¿Estás en movimiento todo el tiempo? Toma pasos para aprender cómo relajarte.

Respiración relajante

¿Has notado cómo respiras cuando estás estresado? Por lo regular el estrés produce respiración rápida y superficial, lo que sostiene otros aspectos de la respuesta al estrés, como frecuencia cardiaca rápida. Si puedes tener control de tu respiración, los efectos en espiral del estrés agudo automáticamente disminuirán.

Practica la respiración relajante (también llamada respiración profunda o diafragmática) por lo menos dos veces al día y cuando empieces a sentirte tenso:

- Inhala. Con tu boca cerrada y tus hombros relajados, inhala lenta y profundamente a través de tu nariz y cuenta hasta seis. Permite que el aire llene tu diafragma (el músculo entre tu abdomen y tu tórax)
- Haz una pausa de un segundo.
- Exhala. Libera lentamente el aire a través de tu boca mientras cuentas hasta seis.
- Haz una pausa de un segundo.
- Repite. Completa este ciclo de respiración varias veces.

Estás respirando de forma correcta cuando tu abdomen –no tu tórax– se mueve con cada respiración. Si estás acostado, coloca un libro en tu abdomen. Cuando inhalas, el libro debe elevarse. Cuando exhalas, el libro debe descender.

Relajación muscular progresiva

La relajación muscular progresiva puede reducir la tensión muscular. Primero, encuentra un lugar tranquilo donde no tendrás interrupciones. Retira la ropa ajustada y quítate tus anteojos o lentes de contacto si lo deseas.

Contrae cada grupo muscular por un mínimo de cinco segundos y después relájalos por treinta segundos. Repite antes de pasar al siguiente grupo muscular.

- *Parte superior de tu cara.* Levanta tus cejas hacia el techo sintiendo la tensión en tu frente y cuero cabelludo. Relájate. Repite.
- *Parte central de tu cara.* Haz bizco fuertemente y arruga la nariz y la boca, sintiendo la tensión en el centro de tu cara. Relájate. Repite.
- *Parte inferior de tu cara.* Aprieta con suavidad tus dientes y jala hacia atrás las comisuras de tus labios, hacia tus orejas. Muestra tus dientes como un perro gruñendo. Relájate. Repite.
- *Cuello.* Toca con suavidad tu tórax con la quijada. Siente el jalón en la parte posterior de tu cuello. Relájate. Repite.
- *Hombros.* Sube tus hombros hacia tus oídos, sintiendo la tensión en tus hombros, cabeza, cuello y espalda superior. Relájate. Repite.
- *Brazos superiores.* Jala tus brazos hacia atrás y presiona tus codos hacia los lados de tu cuerpo. Trata de no tensar tus antebrazos. Siente la tensión en tus brazos, hombros y en tu espalda. Relájate. Repite.
- *Manos y antebrazos.* Empuña con firmeza y jala tus muñecas. Siente la tensión en tus manos, nudillos y antebrazos. Relájate. Repite.
- *Tórax, hombros y espalda superior.* Jala tus hombros hacia atrás como si intentaras que tus omóplatos se tocaran. Relájate. Repite.
- *Abdomen.* Jala tu abdomen hacia tu columna, endureciendo tus músculos abdominales. Relájate. Repite.
- *Parte superior de las piernas.* Junta tus rodillas. Siente la tensión en tus muslos. Relájate. Repite.
- *Parte inferior de las piernas.* Flexiona tus tobillos para que las puntas de tus dedos se dirijan a tu cara. Siente la tensión en la parte anterior de la parte baja de tus piernas. Relájate. Repite.
- *Pies.* Gira tus pies hacia adentro y mueve tus dedos hacia arriba separándolos. Relájate. Repite.

Realiza la relajación muscular progresiva por lo menos una o dos veces cada día para obtener beneficios máximos. Cada sesión debe durar alrededor de 10 minutos. Tu capacidad para relajarte mejorará con la práctica. Sé paciente —con el tiempo puedes experimentar una gran sensación de calma—.

Meditación

Diferentes tipos de técnicas de meditación pueden calmar tu mente y reducir tu estrés.

La meditación involucra centrar tu atención en una cosa, como tu respiración, una imagen que visualices o una imagen real que estés mirando —por ejemplo, la llama de una vela—.

He aquí una técnica sencilla de meditación:
- Utiliza ropa cómoda.
- Selecciona un espacio tranquilo donde no serás interrumpido.
- Siéntate cómodamente.
- Cierra tus ojos, relaja tus músculos y respira de manera lenta y natural.
- Durante algunos minutos, repite lentamente una frase concentradora (en silencio o voz alta), como "estoy calmado" o "estoy sereno". Cuando otro pensamiento interrumpe, regresa tu atención hacia la frase concentradora.
- Cuando has terminado, siéntate tranquilamente por unos minutos para hacer la transición a tu rutina normal.

El ejemplo mejor conocido de meditación es la oración. Puedes orar usando tus propias palabras o puedes leer oraciones escritas por otros.

La meditación puede ser practicada por sí misma o como parte de otra terapia de relajación, como yoga o tai chi.

Otras técnicas de relajación

Puedes elegir muchas otras técnicas de relajación, como:

Tai chi

El tai chi involucra movimientos lentos y suaves como de baile; cada movimiento o postura fluye hacia el siguiente sin pausa. El tai chi puede reducir el estrés y mejorar el equilibrio y la flexibilidad. Esta forma de ejercicio en general es segura para personas de todas las edades y niveles de condición física, debido a que los movimientos de bajo impacto aplican estrés mínimo a músculos y articulaciones.

Yoga

Por lo regular el yoga combina ejercicios suaves de respiración con movimientos precisos a través de una serie de posturas. Para algunas personas, el yoga es un camino espiritual. Para otros, el yoga es un camino para promover flexibilidad, fuerza y resistencia físicas. En cualquier caso, el yoga puede ayudarte a relajarte y controlar el estrés. Aunque el yoga por lo general es seguro, algunas posiciones pueden requerir mucho esfuerzo para tu espalda baja y articulaciones.

Masaje

El masaje es amasar, acariciar y manipular los tejidos blandos de tu cuerpo —tu piel, músculos y tendones—. Se utiliza para aliviar la tensión muscular o promover el relajamiento mientras las personas reciben otro tipo de tratamiento médico. Para las personas sanas puede ser un simple alivio al estrés. El masaje por lo general es seguro mientras lo realice un terapeuta entrenado.

Índice

A

acondicionamiento físico
  cuestionario, 100
  importancia, 99
  motivación, 101
  plan personal de, 101-102
agua, 88
alcohol, 45
alimentación saludable
  motivación, 54
  nutrientes clave, 41
  plan de alimentación, 46-47
  plan, 38-73
  recetas, 55-73
  tamaño de la ración, 48
azúcar en sangre alta
  (hiperglucemia), 24
azúcar en sangre baja
  (hipoglucemia), 22-23

B

bebidas, 52, 91
bombas de insulina, 121, 126-127

C

Calorías
  actividades para quemar, 110
  bebidas, 91
  metas, 86
  recomendaciones diarias de
    raciones, 87
caminar, 107-109
  agenda, 109
  iniciando, 108
  preparación, 107
carbohidratos, 41, 49, 86
  cuenta, 50-51
  revisiones, 144
  tipos, 42
cetoacidosis diabética (CAD),
  23, 25
cetonas altas (cetoacidosis
  diabética), 25
colesterol, 18, 145-146,149
cuidado de los dientes, 154

D

densidad de energía, 88-89
detección, 19-20
diabetes
  definición, 8
  DJIM, 13
  DLAA, 13
  gestacional, 13
  tipo 1, 10,12
  tipo 2, 11, 12, 135
diabetes gestacional, 13
diabetes tipo 1, 10, 12
diabetes tipo 2, 10, 11-12, 135
diálisis renal, 137-38
dulces, 44, 86

E

ejercicio
  actividades, selección de, 103
  aeróbico, 106
  calorías quemadas, 110
  caminar, 107-10
  cantidad de, 115
  estiramiento, 111-12
  fuerza, 113-14
  motivación, 117
  obstáculos, 104-5
  signos de alerta, 115
  vigilancia y, 116
endulzantes artificiales, 44, 52
examen ocular, 148,150

F

factores de riesgo, 16-17
fibra, 88
frutas, 49, 86

G

glucómetros en sangre, 29-30
  definición, 29
  problemas, 36
  selección, 30
glucosa en sangre
  en ayuno, 18,19
  fuentes, 9
  límites, mantener los, 35
  proceso de la, 9
  prueba aleatoria, 20
  prueba de tolerancia oral, 20
grasas, 43, 39, 86

H

historia familiar, 10, 16, 76-77
hormigueo en manos y pies, 15

I

índice de masa corporal (IMC),
  76, 77
índice glucémico (IG), 50
instrumentos de medición, 32
insulina, 120-24
  acción intermedia, 122-123
  acción lenta, 122-123
  acción muy rápida, 122-123
  acción rápida, 122-123
  combinación con medicamentos
    orales, 135

diabetes tipo 2 e, 135
  esquemas, 121
  evitar problemas, 125
  opciones, 122-23
  premezclada, 120
  terapia intensiva con, 121,124
  terapia, 120-124
  tipos, 120

L

listas de intercambio, 52-53

M

medicamentos
  alfa-glucosidasa, 130-131, 132,
    134, 135
  biguanidas, 129, 130-131, 134, 135
  combinaciones, 134, 135
  exenatida (Byetta), 136
  insulina, 120-124
  meglitinidas, 130-131, 133
  metformina, 130-131, 134, 135
  oral e insulina, 135
  oral, 128-133
  pramlintida (Symlin), 120, 136
  sitagliptina (Januvia), 136
  sulfonilureas, 129, 130-131,
    134, 135
  tiazolidinedionas (TZD),
    130-131, 132, 133, 134, 135
metas inteligentes, 82
monitor de luz infrarroja, 32
monitor en sitio alterno, 32

O

obstáculos
  ejercicio, 104-105
  perder peso, 80-81
  prueba de glucosa en sangre, 37

P

panel de lípidos, 145-146,148
pérdida de peso
  contratiempos, 94-95
  disposición, 78-79
  metas, 82-83
  necesidades de, 76-77
  obstáculos, 80-81
  primeros pasos, 84

peso saludable
  densidad de energía, 88-89
  Pirámide de Peso Saludable de
    la Clínica Mayo, 85-87
  primeros pasos, 84
  registro de alimentos, 90
  rutina de alimentación, 93
pies
  cuidado de los, 151-53

exámenes, 148
  zapatos, 152-153
proteínas, 42, 49, 86
pruebas, 28-36
  herramientas, 29-30
  juego de números, 36
  obstáculos, superar, 37
  problemas, solución, 36
  realización de la prueba, 31
  resultados, 19, 33
  tiempo y frecuencia, 28
prueba A1C, 145,148
prueba con cintas reactivas,
  29, 36
prueba de creatinina en
  suero, 146, 148
prueba de glucosa continua, 32
prueba de glucosa en sangre
  en ayuno, 18, 19
prueba de orina, 147,148
pruebas en piel, 32

R

raciones diarias, 87
recetas, 55-73

S

sed excesiva, 14, 15
sentirte agripado, 14, 15
signos de alarma, 15
síndrome metabólico, 18

T

tensión arterial, 144,148,149
terapia intensiva con insulina,
  121,124
trasplante de células de
  islotes, 141
trasplantes
  células de los islotes, 141
  páncreas, 140
  riñón, 139

U

urgencias médicas
  azúcar en sangre alta (hiperglu-
    cemia), 24
  azúcar en sangre baja (hipoglu-
    cemia), 22-23
  cetonas altas (cetoacidosis
    diabética), 25

V

verduras, 49, 86
visión borrosa, 14-15

Z

zapatos, 107, 152-153

Este libro ha sido editado y producido
por Intersistemas, S.A. de C.V.
Aguiar y Seijas 75 Col. Lomas de Chapultepec 11000
México, D.F. Teléfono 5520 2073 Fax 5540 3764
intersistemas@intersistemas.com.mx
Esta edición terminó de imprimirse   en enero de 2010
en Impresos Vacha ubicada en Juan Hernández y Dávalos No. 47
Col. Algarín, Del. Cuauhtémoc, México D.F.
El tiro de esta edición consta de 1 000 ejemplares
más sobrantes para reposición
Hecho en México.